Die Erlöser-Falle

ECON Sachbuch

Carmen R. Berry

Die Erlöser-Falle

Lust und Frust
der Helfer-Typen

ECON Taschenbuch Verlag

Für meine Mutter und meinen Vater

Und für die »braven Kinder«,
die in die Erlöser-Falle gegangen sind

Die Deutsche Bibliothek – CIP-Einheitsaufnahme

Berry, Carmen R.:
Die Erlöser-Falle: Lust und Frust der Helfer-Typen/Carmen R. Berry. [Aus dem Amerikan. übers. von Angela Roethe]. – Düsseldorf; Wien: ECON-Taschenbuch-Verl., 1993
(ETB; 26049: ECON-Sachbuch)
Einheitssacht.: When helping you is hurting me <dt.>
ISBN 3-612-26049-9
NE: GT

Lizenzausgabe

Titel des amerikanischen Originals: When Helping You I Hurting Me. Escaping the Messiah Trap

Aus dem Amerikanischen übersetzt von Angela Roethe, Utting
Umschlaggestaltung: Molesch/Niedertubbesing, Bielefeld
Druck und Bindearbeiten: Ebner Ulm
Printed in Germany
ISBN 3-612-26049-9

Inhalt

Vorwort

Dieses Buch ist aus der Verbindung meiner beruflichen Beobachtungen mit meiner persönlichen Reise entstanden. Als Therapeutin habe ich zunächst überwiegend mit Menschen – Kindern und Erwachsenen – gearbeitet, die als Kinder Opfer von sexuellem Mißbrauch geworden waren. Je mehr ich mit diesen Opfern zu tun hatte, und je mehr ich mich der Aufgabe widmete, den Mißbrauch von Kindern zu bekämpfen, desto überzeugter wurde ich, daß vorbeugende Bemühungen ergriffen werden müßten. Um die Belästigung von Kindern zu verhindern, so meine Überlegungen, müssen wir die Menschen, die dieses Verbrechen begehen, besser verstehen. Deshalb begann ich zu Beginn der achtziger Jahre Männer zu befragen, die wegen Kindesmißbrauchs verurteilt worden waren.

Bei meinen ersten Besuchen hinter Gittern erwartete ich, »Monster« anzutreffen – böse und fast unmenschliche Wesen, die Haß und Abscheu in mir auslösen würden. Ich konnte mir nicht vorstellen, daß ich irgendeine Gemeinsamkeit mit jemandem haben könnte, der sich sexuell an einem Kind vergangen hatte. Die vielen »normalen« Antlitze, die mir dann gegenüber saßen, haben mich überrascht. Es waren Gesichter voller Traurigkeit, Verwirrung und Zorn.

Zehn von diesen Männern ließen sich freiwillig auf Tonband befragen, um mitzuhelfen, Eltern und Kinder darüber aufzuklären, wie man Kinder vor Belästigungen schützen kann. Zwei herausragende Merkmale dieser Interviews wurden schließlich zur Grundlage dieses Buches.

Das erste ergab sich aus den Antworten auf meine Frage: »Wie kamen Sie darauf, gerade dieses Kind zu belästigen?« Die Antwort war immer dieselbe: »Ich habe ein Kind gesucht, das mich daran erinnerte, wie ich selbst als Kind war – verletzbar, einsam, unschuldig.« Als wir der Sache weiter nachgingen, hat jeder der Männer beschrieben, wie er als kleiner Junge belästigt, wie ihm physisch Gewalt angetan worden war. Diese Gefangenen waren unfähig und nicht bereit, direkt über ihre eigenen Erfahrungen zu sprechen, aber sie empfanden den Schmerz, den Zorn, das Entsetzen und die Trauer ihrer Opfer nach.

Meine Gespräche mit diesen Sexualtätern begannen den Sitzungen mit Klienten in meiner Praxis zu ähneln, die Opfer von derartigen Vergehen geworden waren. Zwischen beiden Gruppen begannen sich Unterschiede und Gemeinsamkeiten herauszustellen, bei denen es immer eine Überschneidung gab – sowohl den Opfern wie den Tätern war als Kindern Gewalt angetan worden. Ich erkannte, daß auch die Täter menschlich sind – sie waren sogar den verletzten kleinen Kindern unter meinen Klienten sehr ähnlich.

Die zweite Einsicht betraf mich viel direkter. Ich erkannte, daß diese zehn Männer und ich sehr wohl etwas gemeinsam hatten, nämlich die Opfer. Wir schienen jeder eine Beziehung zu jemandem zu brauchen, der litt.

Ich fragte: »Warum belästigen Sie weiter Kinder, wenn Sie doch wissen, daß Sie ihnen damit Leid zufügen?« In den Antworten der Straftäter steckte die gleiche Verzweiflung und Hilflosigkeit, wie sie etwa ein Alkoholiker oder ein Drogensüchtiger fühlen mag: »Ich hasse mich selbst, wenn ich es tue, und ich möchte damit aufhören, aber ich weiß nicht wie.« Diese Männer schienen innerlich getrieben und geradezu süchtig nach intensiven emotionalen aber verletzenden Beziehungen zu ihren Opfern.

Als ich mein eigenes Verhalten und das vieler anderer, die im Bereich der psychischen Gesundheit arbeiten, beobachtete, stellte ich einen ähnlichen Zwang fest. Auch wir schienen wie getrieben, sogar wie süchtig danach, intensive und emotionale Beziehungen zu haben – nur daß *wir* schließlich *helfen* wollten. Als ich an dem Tag vom Gefängnis nach Hause fuhr, gingen mir einige Fragen nicht aus dem Kopf: »Warum verbringe ich meine ganze Zeit damit, anderen zu helfen? Könnte ich damit aufhören, wenn ich es wollte, oder bin ich süchtig danach zu helfen? Warum habe ich mich entschieden, mit leidenden Menschen zu arbeiten? Könnte es daran liegen, daß ich, ebenso wie diese Männer, nicht bereit bin, mich direkt meinem eigenen Leid zu stellen?«

Ich unterzog mein Leben einer ernsthaften Betrachtung und war überrascht, was ich da sah. Ich dachte, daß ich das »Richtige« tue, wenn ich anderen Menschen helfe. Aber dadurch, daß ich anderen half, vermied ich es, ihnen nahe zu sein. Ich stellte mich selbst als besseren, stimmigeren Menschen dar. In Wirklichkeit litt ich tiefe Schmerzen, aber ich wußte nicht, wie ich nach Hilfe rufen sollte.

Ich begann, mit meinen Freunden und Kollegen ehrlicher über das Leid und verschiedenes anderes in meinem Leben zu sprechen. Sie gingen darauf ein, indem sie offener ihr inneres Selbst mitteilten. Es fiel uns schwer, den Schutz unserer Berufsrollen zu verlassen und unsere gegenseitige Verletzbarkeit anzuerkennen. Wir fühlten uns wohler dabei zu helfen, als um Hilfe zu bitten. Ich habe festgestellt, daß zwar viele Fachleute und Laien ihren helfenden Aufgaben sehr ausgeglichen nachkommen, daß aber auch viele von uns süchtig danach sind zu helfen. Wir müssen helfen, weil das der einzige Weg ist, den wir kennen, um uns selbst zu helfen.

Auf den folgenden Seiten sind unser Schmerz, unsere Unzulänglichkeiten, unser Zorn und unser Mut beschrieben. Die geschilderten Personen sind keine realen Klienten aus meiner Praxis, aber jede von ihnen ist eine Mischung aus wahren Geschichten der wahren Menschen, die ihr Leben mit mir geteilt haben.

Dr. Jay Adams und den Mitarbeitern des Patton State Hospital gebührt bei der Entwicklung der Erlöser-Konzepte Dank für ihre enthusiastische Mitarbeit an dem Projekt mit den Tonbandkassetten. Den zehn Männern, die an dicsem Projekt teilgenommen haben, gilt mein ganz besonderer Dank. Ihre Geschichten zu hören, hat mein Leben stark beeinflußt. Ich bin beeindruckt von ihrem Mut, bewegt von ihren Tränen und dankbar für ihre Offenheit.

Ich möchte Steve Hawthorne danken, der mich als erster einen »Erlöser« nannte, denn er hat unwissentlich ein zentrales Symbol für das Konzept dieses Buches geliefert; ich möchte Joel Miller danken, der seit mehr als zwanzig Jahren mein Seelengefährte ist; warmer und herzlicher Dank geht an Bobette Buster, deren Vertrauen in das Projekt und deren Unterstützung meiner eigenen Reise mich während des ganzen Prozesses vom Schreiben bis zum Veröffentlichen getragen hat; mein tiefempfundener Dank geht an Cathy Smith und Bob Parsons, die meine Kreativität gefördert und dazu beigetragen haben, meine Ideen zu vervollkommnen; besonders dankbar bin ich Paula Neal, einer treuen Begleiterin, die mich ganz praktisch und handfest bei meiner Reise heraus aus der Erlöser-Falle unterstützte; ich möchte Yang Shim Chang danken, deren Einsicht mir geholfen hat, mich selbst besser zu erkennen, deren Stärke mich meine eigene hat besser entwickeln lassen und deren Schlagfertigkeit mich immer wieder zum Lachen gebracht hat; mein besonderer Dank gilt Ruth Bullock, die mich seit meiner Kindheit geliebt und gehegt hat. Ruth war diejenige, die mich als erste bat, einige meiner Ideen auf Tonband aufzunehmen, damit sie sie einem Freund vorspielen könne. Das war Tim Hansel, und es war Tim, der als erster erkannte, daß hieraus ein Buch entstehen könnte. Ich bin Rosa und Steve Cary höchst dankbar, deren Beitrag für mich in den frühen Phasen meines Verstehenlernens besonders wichtig war; ich danke Rebecca J. Laird, die zu vielen Gesichtspunkten dieses Projekts entwas beigetragen hat; ich möchte auch Christine M. Anderson für ihren begeisternden Beistand im letzten Jahr dieses Projekts danken.

In den Jahren, in denen dieses Manuskript entstanden ist, haben mir viele Menschen emotionale und spirituelle Unterstützung geschenkt. Besonderer Dank gebührt meinen Therapeuten, Dr. Otto Mueller und Dr. Joan Overturf; Pfarrer Ron Benefiel von der Los Angeles First Church of the Nazarene und denjenigen, die meine Arbeit mit Kindern unterstützt haben; der Gebets-Gruppe: Nellie-Pearl Salsbury, Pam Els-Tracy, Cheryl Price, Lynda Jo Branca, Ron Salsbury, Cathi Salsbury und Jeffry, ihrer »Feier des Lebens«; meinen lieben Freunden Michael Christensen, Linda Ebeling, Rene Chansler, Dan Psaute, Mark Baker, Mark Potter, Bill Yauk, Gail Walker, Catherine Gould, Pat Luehrs, Joe Palacios, Victor Parra, Steve Ambrose, Nancy Benun, Manny Ocampo und Jim Wilson; und George Eckart und der donnerstäglichen »Verwandschafts«-Gruppe.

Meinem Herausgeber und Freund Roy M. Carlisle möchte ich meine tiefe Dankbarkeit aussprechen. Als ich ihm ursprünglich die »Erlöser«-Ideen vorstellte, entwickelte Roy eine noch breiter angelegte Vision des Manuskripts als meine eigene. Er war bereit, alles Notwendige zu tun, um mich als unerfahrene Autorin zu betreuen. Er gab mir viele Stunden der Beratung und Hilfe, die geprägt waren von seiner Geduld und Einsicht. Er war bereit, einen Entwurf nach dem anderen und mehrere Neufassungen zu lesen und zu bewerten. Er hat einen wesentlichen Beitrag zu diesem Buch geleistet.

Zwar bin ich Roy für seinen Beitrag zu der Entwicklung des Manuskriptes dankbar, noch dankbarer bin ich ihm aber für seinen Beitrag

zu meinem emotionalen und spirituellen Wachstum. Als Freund hat Roy mich mit Ideen, Autoren und Erfahrungen vertraut gemacht, die meine Wachstumsfähigkeit verstärkt haben. Er hat die Intensität meiner Gefühle verstanden und mir die Freiheit gelassen, diese Gefühle auszudrücken. Roy hat sich als zuverlässiger Freund erwiesen, mich viel Wertvolles gelehrt und mich mit einer Fülle an Unterstützung und Anerkennung versorgt.
Schließlich möchte ich meinen Dank an Gott zum Ausdruck bringen, von dem ich eine Liebe erfahre, die mein Leben verwandelt. Während ich mit den Fragen im Zusammenhang mit der Erlöser-Falle gerungen habe, habe ich gespürt, wie die Liebe Gottes mich weiter in Richtung Heilen, Genuß des Lebens und zu einer größeren Fähigkeit, Nähe zu leben, geführt hat. In meinen dunkelsten Momenten spüre ich Seine Gegenwart. Ich bin dankbar für die Menschen, die in mein Leben geführt worden sind, die mich daran erinnern, daß ich nicht allein bin.

Fachliche Beratung

Besonderer Dank geht an meine Kollegen, die mich bei der Entwicklung dieses Buches durch fachliche Beratung unterstützt haben. Alle diese Menschen haben dadurch einen einzigartigen Beitrag geleistet, daß sie sich die Zeit genommen haben, das Manuskript in seinen verschiedenen Phasen zu lesen, und es dann das zu riskieren, mir eine ehrliche Bewertung zu geben. Für mich waren die vielen Gespräche, die hilfreichen Vorschläge und die unentwegte Unterstützung sehr wertvoll, die ich von diesen Kollegen erhielt:

Steve Ambrose, Ph.D.; Mark Baker, Ph.D.; Ruth Bullock, Ph.D.; Jon Conte, Ph.D.; George Eckart, M.Div.; Esther Gillies, L.C.S.W.; Catherine Gould, Ph.D.; Toni Johnson, Ph.D.; Pat Luehrs, L.C.S.W.; Elizabeth Mowry; Paula Neal, M.S.W.; Joseph Palacios, M.F.C.C.; Victor Parra, L.C.S.W.; Robert Parsons, Ph.D.; Catherine Smith, Ph.D.

1 Was ist die Erlöser-Falle?

Verbringst du die meiste Zeit damit, anderen zu helfen?
»Entschuldigung, würdest du mir einen kleinen Gefallen tun?«
»Würde es dir etwas ausmachen, mir hierbei zu helfen?«
»Ach, da gibt es noch eine letzte Sache, um die ich dich bitten wollte...«

Bist du jemand, der auch in den schweren Zeiten hilft?
»Ich weiß nicht, was ich ohne dich machen würde. Du hast mir schon durch so viele schwierige Zeiten geholfen.«
»Du hast dich bei all dem nie beschwert. Ich bewundere dich für die Geduld, die du mit mir hast.«
»Ich habe solche Angst. Bitte verlaß mich nicht.«

Aber stellst du auch fest, daß es Zeiten gibt, in denen du einfach nicht genug Zeit für dich selbst hast?
»Ich weiß, daß heute dein freier Tag ist, aber dies ist ein Notfall.«
»An wen soll ich mich sonst wenden? Ich muß dich gleich sehen.«
»Das hier wird nicht sehr lange dauern. Ich rechne fest mit dir.«

Ich kann mich an eine Zeit erinnern, in der ich für alle gesorgt habe, außer für mich selbst. Als Koordinatorin eines kommunalen Vorsorge- und Sozialprogramms war mein Tag ausgefüllt mit der Arbeit mit Klienten, Finanzierungsplänen für neue Projekte, dem Planen und der Leitung von Elternschaftskursen, präventiver Aufklärung für Kinder an den örtlichen Volksschulen, dem Vorsitz von ämterübergreifenden Jugendkomitees und Stadtratsarbeit für die Rechte von Kindern. Abends fuhr ich dreißig Kilometer nach Los Angeles, wo ich als Therapeutin in einem Beratungszentrum der Kirche tätig war. Wenn meine letzte Beratungsstunde abends um zehn zu Ende war, traf ich mich mit den anderen Mitarbeitern der Kirche, um an Finanzierungsstrategien zu arbeiten, etwa multimediale Präsentationen zu entwickeln und Entwürfe zu schreiben. Unsere Sitzungen zogen sich oft bis zwei Uhr morgens hin, und so war es gar nicht ungewöhnlich, daß ich erst in den frühen Morgenstunden völlig erschöpft nach Hause kam. Mein Leben drehte sich darum, die Bedürfnisse anderer zu erfüllen. Irgend etwas in mir, eine unbekannte treibende Kraft, brachte mich dazu, fast sieben Tage die Woche ununterbrochen zu arbeiten. Ich schien nie Zeit für mich selbst zu haben, außer um gelegentlich zusammenzuklappen. Ich fühlte mich so gedrängt, anderen zu helfen, daß ich mir manchmal geradezu »hilfssüchtig« vorkam.

Ich war in die Erlöser-Falle gestolpert.

Wenn du ein Mensch bist, der die meiste Zeit damit verbringt, anderen zu helfen, während deine eignen Bedürfnisse oft beiseite geschoben werden, bist du vielleicht auch in der Erlöser-Falle gefangen.

Viele Menschen sind in dieser Falle – Sozialarbeiter und Sekretärinnen, Mütter und Pfarrer, Verwaltungsleute und Tanten. Die Erlöser treiben Geld für wichtige Anliegen auf, hören den Klienten sorgfältig zu und beten intensiv mit Gemeindemitgliedern. Wenn die Kinder in einer Fahrgemeinschaft zur Musikschule müssen, läßt der Erlöser schon den Kombi warmlaufen. Manche Erlöser tragen Piepser, damit ihre Patienten sie jederzeit erreichen können, andere sprechen vor großem Publikum und motivieren es zu handeln, andere besuchen still die Sterbenden in dunklen Krankenhauszimmern. Man verläßt sich bei einem Erlöser darauf, daß er lange im Büro bleibt, um einen fälligen Bericht zu schreiben, und früh aufsteht, um sicherzustellen, daß alle mit gesunden Pausenbroten in die Schule gehen können.

Erlöser versuchen überall, wo sie hinkommen, hilfreich zu sein. Oft ergreifen sie Berufe, die auf das Wohlergehen anderer ausgerichtet sind, zum Beispiel im Pfarrdienst, in der Sozialarbeit, Erziehung, Medizin, Psychologie oder Kinderbetreuung. Andere, wie Hausfrauen, Studenten und Senioren, melden sich freiwillig für eine Vielzahl von sozialen Projekten. Wo Erlöser zu finden sind, kann man sicher davon ausgehen, daß sie damit beschäftigt sind, anderen zu helfen.

Erlöser sind aber leicht so damit beschäftigt, für andere zu sorgen, daß sie nicht mehr für sich selbst sorgen. In der Geschäftigkeit des Tages merken Erlöser oft nicht einmal, daß ihre eigenen Bedürfnisse unbefriedigt bleiben. Es fällt einem Erlöser sogar leicht, so zu tun, als ob er gar keine Bedürfnisse oder inneren Verletzungen hätte. Die Erlöser zeigen sich aller Welt als Menschen mit Antworten und

ignorieren die Fragen, die innerlich an ihnen nagen; sie treten als diejenigen auf, die Trost geben können, und mißachten dabei den Schmerz, der tief in ihnen pocht.
Ich will einige der Erlöser, die ich kennengelernt habe, beschreiben:
Elizabeth ist die Rektorin einer angesehenen Privatschule. Sie ist zwar erst achtundzwanzig, aber Elizabeths Talent und ihre Hingabe wurden früh erkannt, so daß sie auf der Karriereleiter schnell nach oben kam. Elizabeths warmes Lächeln und ihr Management-Ansatz, der viel weiser war, als es ihrem Alter entsprach, sicherten ihr die Verehrung sowohl des Kollegiums wie der Eltern und Schüler. Sie ist stolz darauf, daß sie in einer Verwaltungsstelle guten Kontakt zu ihren Schülern bewahrt. Ihre Tür ist immer offen; ihr Büro ist immer voll eifriger junger Schüler.
Trotz der Fülle in ihrem Leben ist Elizabeth insgeheim einsam. Sie hat mit Erschöpfung zu kämpfen, da ihr Job sie oft sechs oder sieben Tage die Woche beansprucht. Elizabeth beobachtet die jungen Mütter, die ihre Kinder nach der Schule abholen, und fragt sich, ob sie wohl je die Gelegenheit haben wird, eine eigene Familie zu haben. Wo wird sie einen Mann zum Heiraten kennenlernen, wo doch alles in ihrem Leben irgendwie mit der Schule zu tun hat? Elizabeth hat Angst, sie ist erschöpft und fühlt sich in ihrem Wunsch gefangen, es allen Recht zu machen außer sich selbst.
Daniel ist ein erfolgreicher Rechtsanwalt mit dem Spezialgebiet Familienrecht, ein großer, energiegeladener und extravertierter Mann, der jeden enthusiastisch mit Handschlag begrüßt. Daniel ist Ende Dreißig und meint, er verdanke seine florierende Kanzlei der »menschlichen« Art, mit der er seine Mandanten behandelt. Er kritisiert die traditionellen Beschränkungen im Umgang von Anwälten und Mandanten und hat sich dafür entschieden, seinen Mandanten auch noch lange nach Büroschluß zur Verfügung zu stehen, wenn sie in Not sind.
Daniel hat sich nicht nur auf Familienrecht spezialisiert, sondern auch auf Krisen. Er rettet einen Mandanten nach dem anderen, rast von einer Problemsituation zur nächsten. Häufig rufen ihn Mandanten mitten in der Nacht an, um sich auszuweinen oder ihre Wut rauszulassen. Viele von Daniels Plänen werden von Mandanten in einer Krise durchkreuzt. Daniel möchte helfen, aber es gibt Zeiten,

da er sich verwirrt, frustriert und von den vielen Anforderungen erschöpft fühlt. Er kommt einfach nicht darauf, was er falsch macht.

Diana ist eine begabte Therapeutin, die eine große Zahl von Klienten, eine zweiundzwanzigjährige Ehe, die Pflege ihrer alten Mutter und die Bedürfnisse ihrer drei erwachsenen Kinder und Enkel unter einen Hut bringt. Gesellig, einfühlsam und warmherzig wie sie ist, heißt Diana jeden, auf den sie trifft, in ihrer Familie willkommen. Sie bietet jedem, der sie braucht, einen Tee und ein offenes Ohr.

Diana wird sich langsam eines schwer definierbaren Gefühls bewußt, das in ihr wächst. Wenn sie die halbe Nacht mit einem selbstmordgefährdeten Klienten aufgeblieben ist oder gezwungen war, einen freien Tag abzuschreiben, um einem Freund zuzuhören, der wegen seiner Scheidung verzweifelt ist, fühlt sie sich müde und frustriert. Wenn jemand sie fragt, wie es ihr geht, antwortet sie nur »gut« – nicht, weil sie sich wohl fühlt, sondern weil sie nicht mehr weiß, wie sie sich fühlt. Sie ist so damit beschäftigt, andere zu beraten, daß sie keine Zeit für sich selbst hat. Wann hat sie sich selbst vergessen? Ist es für sie zu spät, sich selbst und ihr eigenes Leben zu finden?

Alicia ist eine junge alleinerziehende Mutter, die ihre Kinder mit dem winzigen Gehalt durchbringt, das sie in einer Vorschule verdient. Obwohl ihre finanziellen Mittel sehr begrenzt sind, hilft Alicia immer noch anderen aus. Man kann sich darauf verlassen, daß sie zum gemeinsamen Abendbrot selbstgebackene Plätzchen mitbringt, tütenweise Dosen anschleppt, wenn es eine Sammlung für Bedürftige gibt, und die Kinder in Pflegeheimen mit bunt verpackten Weihnachtsgeschenken versorgt. Solange sie etwas zu essen auf den Tisch stellen kann, ist sie auch bereit, das mit anderen zu teilen.

Was die Menschen jedoch hinter Alicias strahlendem Lächeln und ihrer Großzügigkeit nicht sehen, das sind die traurigen Augen, die nur weinen. Alicia fühlt den Schmerz der anderen so tief mit, daß sie bereit ist, mehr zu geben als sie kann. Sie hat Schuldgefühle, wenn sie Geld für sich selbst ausgibt, weil sie es dann nicht mehr für ihre Kinder nutzen kann. Sie maßregelt sich selbst dafür, daß sie für ihre Kinder Geld ausgibt, das sie den hungrigen Kindern schicken sollte, deren Bilder sie im Fernsehen gesehen hat. Sie kann so viel geben, wie sie will, Alicia scheint es nie genug zu sein. Je mehr Alicia jedoch gibt, desto frustrierter wird sie.

Paul ist ein Pfarrer, der im Laufe der Jahre wegen seiner gewinnenden und mitfühlenden Predigten bekannt und geachtet wurde. Menschen fühlen sich zu Paul hingezogen, weil sie spüren, wie tief seine Anteilnahme ist und daß er mit jeder Situation fertig wird. Paul hat alles unter Kontrolle.

Es ist sein Ziel, Menschen vor sich selbst zu schützen, und daher verwirren Paul die negativen Reaktionen, die er manchmal bekommt. Er sorgt sich sehr um andere und kann nicht verstehen, warum seine Bemühungen nicht anerkannt oder belohnt werden. Selbst seine Frau wird wütend, wenn er ihr helfen will. Und in der letzten Zeit ist sie sogar so wütend, daß er Angst hat, sie könnte ihn verlassen. Er macht doch das Richtige, wenn er anderen hilft – warum ist dann alles so durcheinander?

Gary ist ein beliebter Redner und Professor an der Universität. Er ist landesweit für sein Verständnis und seine lebendigen Darstellungen bekannt und zieht, wohin er auch geht, große Menschenmengen an. Der Erfolg kam früh und leicht zu Gary. Jetzt fühlt er sich getrieben, mit seinem eigenen Erfolg zu wetteifern.

Sein Leben, das von dem Glauben geprägt ist, seine Lehren könnten vielen helfen, ist zu einem einzigen Wirrwarr von Flughäfen, Taxis und gesichtslosen Mengen geworden. Garys Terminplan platzt aus allen Nähten, und sein Kopf ist völlig überstrapaziert. Manchmal hat er so viel Angst, daß er nicht schlafen kann. Er befürchtet, an Beliebtheit zu verlieren. Er trägt immer wieder dieselben Inhalte unter neuen Titeln vor, da er keine Zeit hat, sich neue Texte zu schreiben. Es gibt keine Zeit für neue Ideen, keine Zeit zu denken und ganz gewiß keine Zeit zu fühlen.

Jakob ist Sozialarbeiter und Dienststellenleiter. Er und seine Frau sind vollkommen auf soziale Gerechtigkeit und ein einfaches Leben ausgerichtet. Seite an Seite arbeiten sie viele Stunden am Tag für ihre Sache. Die Menschen in ihrer Gemeinde staunen immer wieder über ihre Hingabe, ihr Mitgefühl und ihre Bereitschaft, um jeden Preis Stellung zu beziehen.

Jakob ist seinem Kreuzzug so intensiv hingegeben, daß er immer wütender wird. Voller Zorn über die Ungerechtigkeiten, die er immer wieder sieht, und frustriert von dem Mangel an Mitteln und Unterstützung, muß er oft mit sich selber ringen, um seine wütenden Reaktionen zurückzuhalten. Ein Tag verschmilzt mit dem nächsten, während Jakob sich einem Kampf nach dem anderen stellt. Er hat Angst zuzugeben, daß er manchmal die Verantwortung hinschmeißen und seine Frau an einen ruhigen und sicheren Ort bringen will. Statt dessen setzt er bloß weiter einen Fuß vor den anderen. Selbst wenn er ausbrechen wollte, sähe er nicht wie.

Diese Erlöser vernachlässigen sich selbst, weil sie das Gefühl haben, daß sie ihr eigenes Wohlergehen für andere opfern müßten. So definieren Erlöser Liebe. Erlöser sehen das Leben als eine Reihe von Wahlmöglichkeiten zwischen ihren eigenen Bedürfnissen und denen der anderen. Erlöser scheinen zu glauben, es gäbe nur eine begrenzte Menge Fürsorge, Pflege und Liebe – nur so viel, daß es gerade für die anderen reicht und für sie selbst nichts übrigbleibt.

Daher kann sich in einem Erlöser ein nagendes, schwer zu beschreibendes Gefühl breitmachen. Manchmal fühlt es sich an, als ob man nicht genug Anerkennung für die Opfer bekommt, die man bringt. Ein andermal ist es eher ein Schuldgefühl, wenn die Zeit, die man sich für persönliche Bedürfnisse nimmt, irgendwie auch bedeutet, jemanden anderen enttäuschen oder vernachlässigen zu müssen. Oft ist das Gefühl Erschöpfung, eine tiefe Müdigkeit, die so schwer ist, daß man sie kaum tragen kann. Aber meistens sind Erlöser so beschäftigt, daß sie überhaupt nichts fühlen außer dem Druck, zu viel zu tun und zu wenig Zeit zu haben.

Wenn Erlöser sich überlastet fühlen und es ihnen an Anerkennung mangelt, reagieren die meisten so, daß sie noch mehr helfen. Sie sind in dem Glauben gefangen, es sei »egoistisch«, sich um seinen eigenen Schmerz zu kümmern. Und die Erlöser werden auch noch ermutigt, anderen zu helfen und nicht sich selbst. Unsere Kirchen, Familien und die Gesellschaft insgesamt lehren die Erlöser, ihre inneren Gefühle, nicht genug Zuwendung zu erhalten, in den Griff zu bekommen, indem sie zu einem »stets fröhlichen Schenker« werden, und ihre eigene Depression zu bekämpfen, indem sie denen helfen, die schlechter dran sind als sie selbst. Nur sehr wenige halten inne und stellen ihre Sichtweise von der Welt und sich selbst in ihr in Frage.

Dieses Buch setzt sich mit den Glaubenssätzen auseinander, die so viele in die Erlöser-Falle gelockt haben.

Was ist die Erlöser-Falle?

Die Erlöser-Falle ist eine tödliche und betrügerische Lüge. Sie ist eine Lüge mit zwei Seiten. Auf der Oberfläche sieht sie edel, göttlich und barmherzig aus. Schließlich steht ein fürsorglicher und hilfreicher Mensch in hohem Ansehen. Aber die Erlöser-Falle ist nicht das, was sie zu sein scheint.

1. Seite: »Wenn ich es nicht tue, wird es nicht getan«

Vor etlichen Jahren fand ich Briefpapier, das von einem traurig aussehenden Hund geschmückt war, der aussah, als ob er unter eine Dampfwalze geraten wäre. Daneben stand die Zeile: »Wenn ich es nicht tue, wird es nicht getan.«

Diese Botschaft ist die eine Seite der doppelseitigen Erlöser- Falle. Erlöser haben gelernt (und glauben daher), daß der vorrangige Zweck des Lebens darin besteht, anderen zu helfen. Wenn der Erlöser ihnen nicht hilft, wird es kein anderer tun. Es liegt in der Verantwortung des Erlösers, Vater am Trinken zu hindern, das Büro am Laufen zu halten, sich um den Jugendlichen zu kümmern, den sonst niemand zu mögen scheint. Der Erlöser fühlt sich dafür verantwortlich, daß alles gut ausgeht und alle glücklich sind. Das ist die Aufgabe des Erlösers und seine allein.

2. Seite: »Die Bedürfnisse aller anderen haben Vorrang vor meinen eigenen«

Vom Erlöser hängen so viele Menschen ab, daß, so lautet die Lüge, erst alles in der Welt gerichtet werden muß, bevor die Bedürfnisse des Erlösers erfüllt werden können. Das ist die zweite Seite der Erlöser-Falle: »Die Bedürfnisse aller anderen haben Vorrang vor meinen eigenen.« Von Erlösern erwartet man, daß sie sich selbst hintanstellen.

Wenn man an die zweite Seite der Erlöser-Falle glaubt, ist es sehr schwierig, sich um die eigenen legitimen Bedürfnisse zu kümmern. Versuche, pfleglicher mit sich selbst umzugehen, werden oft als

»egoistisch« eingestuft – und egoistisch zu sein ist wohl die schlimmste Missetat, die ein Erlöser begehen kann.
Wenn du in die Falle stolperst, bist du in der Schlinge zweier gegensätzlicher (und falscher) Vorstellungen deiner selbst gefangen. Auf der einen Seite fühlt der Erlöser das Gewicht der enormen Verantwortung für andere und wird daher folgerichtig der wichtigste Mensch auf der ganzen Welt. Erlöser haben das Gefühl, unentbehrlich zu sein. Andererseits haben Erlöser jedoch oft das Gefühl, vollkommen unwichtig zu sein, da ihre persönlichen Bedürfnisse keiner Beachtung würdig zu sein scheinen. Es ist nicht ungewöhnlich, daß ein Erlöser sich isoliert fühlt und niemanden hat, an den er sich wenden kann, wenn der Schmerz unerträglich wird. Als Erlöser ist man zwar damit beschäftigt, sich um andere zu kümmern, aber man stellt fest, daß sich niemand um einen selbst kümmert. Die Erlöser-Falle ist eine merkwürdige Kombination aus Gefühlen von Großartigkeit und Wertlosigkeit, Gebrauchtwerden und Verlassensein, Gott spielend und zugleich im Dreck kriechend.
Es ist mein fester Glaube, daß wir als Kinder Gottes *alle* wertvoll sind, daß wir *alle* Zuwendung und Schutz verdienen… sogar der Erlöser. Die Bedürfnisse des einen sind nicht wichtiger als die eines anderen. Wenn man Liebe nur als Opfer eines Menschen für einen anderen sieht, mißversteht man Liebe in ihrer Ganzheit. Liebe ist ausgewogen und fair, fürsorglich, stark und nicht ausbeuterisch. Es gibt zwischen Liebenden keinen Wettstreit, keine Wahl zwischen dem einen oder dem anderen, denn Liebe ist voll und ganz und groß genug, uns alle zu umfassen.
Ich bitte dich, wenn du in der Erlöser-Falle steckst, dir die Zeit zu nehmen, die folgenden Seiten zu lesen. Sei gewarnt – deine Sicht deiner selbst und von der Liebe mag in Frage gestellt werden. Vielleicht hat man dich eine verzerrte Sicht von Beziehungen und Fürsorge gelehrt, die dich nun an eine selbstverletzende und süchtige Lebensweise bindet. Viele Erlöser sind in dem Glauben erzogen worden, die Lügen der Falle seien gottgewollt, stammten aus der Bibel und der Überlieferung der Kirche. Es mag viel Mut erfordern, solche grundsätzlichen Glaubenssätze in Frage zu stellen, aber ich möchte dich ermutigen weiterzulesen – zu erfahren, wie es ist, ein Erlöser zu sein und in der Erlöser-Falle zu stecken. Und zu sehen, wie sich viele davon frei machen.

2 Kann eine »glückliche« Kindheit eine verborgene Falle enthalten?

»Ich soll Ihnen also von meiner Kindheit erzählen, wie? Das ist so lange her, und außerdem hatte ich eine glückliche Kindheit. Ich fürchte, Sie werden sehr enttäuscht sein. Keine Prügel, keine Vergewaltigungen, einfach eine gute Familie, die immer bereit war, anderen auszuhelfen, wenn sie Unterstützung brauchten.«

Diana

Seit Diana das erste Mal in die Therapie kam – »nichts Wesentliches, ich will nur ein paar Sachen in meinem Kopf zurechtrücken« –, fand ich sie stets fröhlich und begeistert. Als Therapeutin mit einer florierenden privaten Praxis, Frau eines Ingenieurs, Mutter von drei erwachsenen Kindern und Pflegerin ihrer alten Mutter stellte sie oft fest, daß sie sich zwischen den verschiedenen Verantwortlichkeiten hin- und hergerissen fühlte. »Ich muß einfach Zeit für mich selbst finden«, sagte sie zu Beginn des ersten Treffens, »und wenn ich dann wirklich Zeit habe, will ich eine bessere Vorstellung davon bekommen, wer ich bin. Irgendwie habe ich mich in den Leben all der anderen verloren.«

Um besser verstehen können, wie sich Diana unterwegs verloren hatte, begannen wir, uns ihre Kindheit anzuschauen. Wir blickten zurück, um zu sehen, wie sie den beiden Erlöser-Lügen in die Falle gegangen war. Diana versicherte mir, daß es in ihrer Kindheit keine solche Falle gegeben habe, und begann, ihre Eltern zu beschreiben.

»Meine Eltern waren beide gütige, großzügige Menschen. Als wir klein waren, hat uns natürlich meine Mutter versorgt. Mein Vater hatte ein eigenes Geschäft, das sich auch während der Wirtschaftskrise ganz gut hielt. Jedenfalls hatten wir scheinbar mehr Geld als die meisten Leute. Er schien jedoch mehr Zeit in der Kirche zu verbringen als im Büro – er war im Kirchenrat, unterrichtete in der Sonntagsschule und half immer irgendwo aus. Wenn die Lage für andere Familien in unserer Kirchengemeinde ganz schlecht wurde, luden meine Eltern uns alle ins Auto, und wir fuhren von Haus zu Haus, damit Mutter warme Mahlzeiten verteilen konnte.« Diana lächelte stolz. »Ja, meine Eltern waren gütige Menschen.«

»Ging es bei euren Familienzusammenkünften meistens darum, anderen zu helfen?«

Diana nickte. »Hmm... Ja, ich glaube schon. Wir haben nicht sehr oft gemeinsam Ferien gemacht oder so was. Unsere Zeit und unser Geld gingen meist an die Kirche oder irgendeinen guten Zweck.«

Sie machte eine Pause. »Jetzt, wo ich darüber nachdenke, fällt mir auf, daß wir uns so gut wie nie an den Tisch gesetzt haben, ohne jemanden zum Essen eingeladen zu haben. Wie ich schon sagte, waren die Zeiten für die meisten Menschen recht hart und für uns nicht so schlimm. Aber einmal hat mein jüngerer Bruder Sidney sich aufgespielt; er wollte vermutlich mehr Aufmerksamkeit, nehme ich an. Da hat meine Mutter gesagt: ›Reiß dich zusammen, junger Mann. Wir haben Besuch.‹ Er antwortete bissig: ›Wir haben immer Besuch! Wann können wir denn mal für uns sein?‹ Meine Eltern sahen ihn entgeistert an. Vater schimpfte: ›Solche Reden will ich nicht hören, Sohn.‹ Ich glaube, er war wütender, als ich es je zuvor erlebt hatte. ›Sei dankbar für das, was du hast. Ich schäme mich, daß du so selbstsüchtig bist. Wir sprechen später noch einmal darüber!‹ Sid fiel auf seinem Stuhl in sich zusammen, ganz überrascht von Vaters Wut.

Als die Gäste abends gegangen waren, versammelte mein Vater uns im Wohnzimmer. ›Ich möchte nie wieder erleben, daß einer von euch so unhöflich zu unseren Gästen ist. Ist das vielleicht eine Art, Gott für all das zu danken, das er uns geschenkt hat?‹ Er schaute Sid scharf an und fragte: ›Willst du vielleicht, daß ich hungrige Menschen wegschicke?‹ Sid ließ den Kopf hängen und flüsterte: ›Nein.‹ – ›Wer wird ihnen zu essen geben, wenn wir es nicht tun?‹ fuhr Vater fort. Sid zog nur seine kleinen Schultern hoch. ›Hast du nicht daran gedacht, daß du ihre Gefühle verletzen würdest?‹ Sid schüttelte den Lockenkopf: Nein. Vater richtete den Blick wieder auf uns alle und erklärte: ›Ich erwarte, daß ihr zur Abwechslung mal auf die Gefühle anderer Rücksicht nehmt. Nie wieder möchte ich so in Verlegenheit gebracht werden, versteht ihr mich?‹ Wir verstanden alle.

Ich war so beschämt… und ich fühlte mich vermutlich auch schuldig. Schließlich war Gott so gut zu uns gewesen, und wir benahmen uns wie selbstsüchtige kleine Kinder.«
Als ich fragte, was sie denn Selbstsüchtiges getan habe, antwortete Diana: »Nun, *ich* hatte eigentlich gar nichts getan. Und Sid hat in Wirklichkeit nur versucht, irgend jemanden auf sich aufmerksam zu machen. Er hat sich nicht wirklich wüst aufgeführt oder so.«
Auf ihrem attraktiven Gesicht zeigte sich ein Stirnrunzeln. »Man hat von uns erwartet, ruhig und großzügig zu sein. Etwas anderes wurde nicht geduldet. Ich erinnere mich daran, daß ich in der Kirche saß und die anderen Familien betrachtete. Die Väter waren arbeitslos, und die Mütter verrichteten Gelegenheitsarbeiten, nur um die nächste Mahlzeit zusammenzukriegen. Ich fühlte mich so, so…« Sie hielt inne.
»Verantwortlich?« schlug ich vor.
»Ja, genau! Als ob es an uns sei, für die anderen zu sorgen.«
»Diana, jetzt als Erwachsene, glaubst du da, daß ihr die finanziellen Probleme dieser Familien verursacht habt?«
Sie antwortete schnell: »Natürlich nicht.«
»Hatten deine Familie und du die Mittel, die Wirtschaft wieder aufzubauen?« fragte ich.
Sie schaute mich irritiert an. »Wir haben versucht zu helfen, nicht die ganze Nation zu retten.«
»Hast du dich als kleines Mädchen so gefühlt? Hast du dich bei jedem, den du kanntest, für sein Wohlergehen verantwortlich gefühlt?«
Diana lehnte sich in die Couch zurück. »Klar. Ich habe mich immer verantwortlich gefühlt. Das war damals so, und es ist heute noch so. Wenn es nicht so absurd klingen würde, könnte ich vielleicht zugeben, daß ich irgendwo tief in mir das Gefühl hatte, von meiner Familie und mir werde erwartet, all das Leid zu beenden – ein bißchen größenwahnsinnig, was?«
Ein leises Lächeln zog über ihr Gesicht, und in ihren Augenwinkeln zeigten sich kleine Fältchen. »So habe ich also die erste Seite der Erlöser-Falle erlernt. Helfen zu wollen, ist eine Sache, aber die Verantwortung für das Wohlergehen so vieler Familien zu übernehmen eine andere.«
»Und die zweite Seite?« fragte ich.

»Ich habe gelernt, daß *meine* Bedürfnisse kein Thema waren. Sie brachten meine Eltern sogar in Verlegenheit. Die Sache fängt an, für mich Sinn zu machen – ich sehe, warum ich mich für meine Klienten, für Ed, für meine Kinder und meine Mutter so verantwortlich fühle. Kein Wunder, daß es mir so unangenehm ist, mit ihnen über meine Bedürfnisse zu sprechen. Ich habe Angst, wie Sid gemaßregelt zu werden.«

Diana ist, wie viele Erlöser, in einem Erlöser-Haushalt aufgewachsen, großgezogen von Eltern die den Lügen der Erlöser- Falle glaubten. Sie hat durch das gutgemeinte Beispiel ihrer Eltern ein verzerrtes Bild davon vermittelt bekommen, was es heißt, andere Menschen zu lieben. Wenn sie in einem Haushalt ohne Erlöser aufgewachsen wäre, hätte sie gelernt, daß die Bedürfnisse von Kindern und Eltern genauso wichtig sind wie die der Menschen außerhalb. Jedes Kind, jeder Erwachsene hätte Aufmerksamkeit bekommen. Es hätte Zeiten gegeben, zu denen man die Tür für Bedürftige geöffnet, und andere, zu denen man sie fest zugemacht hätte, um die Menschen im Haus zu schützen und umsorgen.

In einem Erlöser-Haushalt wie bei Diana ist die Tür aber immer offen. Diana wurde glauben gemacht, daß sie und ihre Familie die Verantwortung dafür hätten, *jedem* Menschen in Not zu helfen. Das war eine enorme Belastung für eine einzelne Familie – denn wenn sie den Menschen in Not nicht halfen, würde es kein anderer tun. Die Leute würden verhungern, und Gott wäre unzufrieden (1. Seite: »Wenn ich es nicht tue, wird es nicht getan«.)

Dianas Familie hat mit den anderen nicht so geteilt, daß die legitimen Bedürfnisse *aller* Beteiligten befriedigt werden konnten. Auch wenn Dianas Eltern »hilfssüchtig« waren, so waren sie doch süchtig danach, *anderen* zu helfen. Das ist ein typisches Kennzeichen von Erlösern. Wenn ein Erlöser hilft, wählt er dafür nur einige Menschen aus. Andere werden ignoriert. Folglich wurden die Bedürfnisse von Diana und ihren Geschwistern nicht beachtet, ihre Sicherheit nicht beschützt und ihr Wert nicht geschätzt. Darüber hinaus lehrten Dianas Eltern ihre Kinder, daß Gott an ihren Bedürfnissen überhaupt nicht interessiert war. Immer wenn Diana und ihre Geschwister Aufmerksamkeit und Zuwendung von ihren Eltern brauchten, wurde das als »selbstsüchtig« und »peinlich« hingestellt. Diese subtilen, aber mächtigen Worte bereiteten Diana für die zweite Seite der

Erlöser-Falle vor: »Die Bedürfnisse aller anderen haben Vorrang vor meinen eigenen.«
Haben sich Dianas Eltern absichtlich so grausam verhalten und sich ihren Kindern versagt? Natürlich nicht. Waren sie gefühllos? Haben sie sie vernachlässigt? Diese Begriffe treffen nicht zu. Ihre Eltern waren vielmehr Menschen, die von dem vielen Leid um sie herum sehr betroffen waren, besonders in einer solchen Zeit, wo es Schmerz und Mutlosigkeit im Übermaß gab. Aber ungeachtet ihrer Absicht, heilen und Gutes tun zu wollen, waren die Folgen für die Kinder schädlich. Diana war in einem gütigen Haushalt aufgewachsen, aber unglückseligerweise wurde sie von Eltern großgezogen, die in der Erlöser-Falle gefangen waren.
Eltern wie Dianas, die in der Erlöser-Falle stecken, neigen dazu, auch ihre Kinder zu »kleinen« Erlösern heranzuziehen. Kleine Erlöser werden von früher Kindheit an dazu angehalten, sich zwar für das Wohlergehen anderer verantwortlich zu fühlen (1. Seite: »Wenn ich es nicht tue, wird es nicht getan«), aber nicht zu erwarten, daß ihre eigenen Bedürfnisse erfüllt werden (2. Seite: »Die Bedürfnisse aller anderen haben Vorrang vor meinen eigenen«).

Als Kind in die Erlöser-Rolle gestellt werden

Ich möchte ganz deutlich darauf hinweisen: *Kinder haben legitime Bedürfnisse.* Diese Wahrheit mag als selbstverständlich erscheinen, aber in meiner Beratungstätigkeit habe ich erfahren und beobachtet, daß sie oft mißachtet wird. Um zu Erwachsenen zu werden, die fähig sind, sich selbst und andere zu lieben, die sich in Beziehungen gegenseitiger Fürsorglichkeit binden können, die ein Gespür für die Bedürfnisse anderer haben, aber von ihnen nicht überwältigt werden, müssen wir jede Phase der kindlichen Entwicklung gemeistert haben. Als Säuglinge brauchen wir Schutz und Nahrung, um Vertrauen lernen zu können. Kleine Kinder, die sich aufmachen, die Welt zu entdecken, brauchen eine strukturierte, aber nicht starre häusliche Umgebung. Es ist zwar richtig, Kindern im Laufe der Jahre mehr Verantwortung zukommen zu lassen, *aber es ist entscheidend, daß Kinder die Jahre ihrer Kindheit über Kinder sein dürfen.*

Der natürliche Fluß der Entwicklung wird unterbrochen, wenn ein Kind gezwungen wird, zu schnell »zu wachsen«, indem man ihm vorzeitig die Rolle fürsorglicher Erwachsener zuweist. Diana war, wie viele Erlöser, eine Erwachsene, die nie eine richtige Kindheit gehabt hatte. Man hat sie ihr so sanft und leise entzogen, daß sie nie gemerkt hat, daß ihre »glückliche« Kindheit gar keine Kindheit war.

Die kleinen Eltern

»Ich war die Älteste von vier Geschwistern. Meine jüngste Schwester Andrea wird jetzt heiraten – endlich!« Diana grinste. »Eigentlich kommt sie mir immer eher vor wie meine Tochter als wie meine Schwester. Ich war diejenige, die sie großgezogen hat, als Mutter arbeiten ging. Ich habe schon in jungen Jahren ziemlich viel geholfen. Meine Eltern hatten immer beide so viel mit der Arbeit in der Kirche und anderswo zu tun. Es lief wohl darauf hinaus, daß ich für uns zu Hause sorgte. Es scheint, als ob ich immer auf irgend jemandem aufgepaßt habe.

Das erste Mal, als ich Babysitting gemacht habe, bin ich, glaube ich, ungefähr fünf Jahre alt gewesen. Mutter mußte einer kranken Nachbarin ein paar Lebensmittel vorbeibringen und überließ mir die ›Obhut‹ über Sid. Er muß damals wohl drei gewesen sein.

Ich kann mich erinneren, daß mir das ziemliche Angst machte. Aber ich war auch stolz darauf, daß sie mir zutraute, schon so erwachsen zu sein. Es gab mir ein gutes Gefühl, ›Muttis kleine Helferin‹ zu sein. Ich machte beim Kochen und Saubermachen mit. Ich kann mich nicht erinnern, je mit meinen Geschwistern gespielt zu haben. Es gab immer so viel Arbeit. Nach einiger Zeit kam ich mir gar nicht mehr wie eine der ihren vor. Ich wurde mehr zu einer Erzieherin oder Beraterin als zu einer Schwester.«

Dianas Worte machten klarer, wie es kam, daß sie der Gelegenheit beraubt worden war, Kind zu sein – ein Kind, das frei war, natürliche und altersgemäße Beziehungen zu seinen Geschwistern zu haben, zu spielen und zu necken. Als ihre Eltern sich den Bedürfnissen anderer widmeten, ihre eigenen Kinder aber darüber vernachlässigten, blieb eine Lücke zurück. Diana hat, wie viele Erlöser, diese Lücke gefüllt, indem sie die Elternrolle übernahm.

Sie übernahm die Verantwortung, für ihre Geschwister zu sorgen (wenn sie es nicht getan hätte, wäre es nicht getan worden), und opferte damit ihre eigenen Kindheitsbedürfnisse (die Bedürfnisse ihrer Eltern und Geschwister hatten Vorrang vor ihren eigenen). Diana wurde zur »kleinen Mutter«.
Diana war zwar das älteste der vier Kinder, aber das gilt nicht für alle Erlöser. Oft wird das älteste Kind zu früh mit zu viel Verantwortung belastet, aber jedes Kind in der Geschwisterfolge kann ein Opfer der Erlöser-Falle werden. Dazu gehört nur, Kindern, unabhängig von ihrem Alter oder ihrem Platz in der Geschwisterfolge, die Lügen der Erlöser-Falle beizubringen und von ihnen zu erwarten, daß sie die fürsorgenden Rollen von Erwachsenen schon im Kindesalter ausfüllen.

Den Eltern gleichgestellt

»Wenn du schon nicht mit deinen Geschwistern gespielt hast, hattest du denn Freunde und Freundinnen in deinem eigenen Alter?«
»Ja klar«, antwortete Diana. »In der Nachbarschaft gab es jede Menge Kinder, und die meisten schienen überwiegend bei uns zu sein. Da ich gewöhnlich auf meine Geschwister aufgepaßt habe, hat meine Mutter mir einfach die Aufsicht über die ganze Bande gegeben.«
Ich fragte Diana, wem sie sich anvertraut habe, und sie erwiderte: »Wenn ich überhaupt mit jemandem geredet habe, dann mit meiner Mutter. Ich kam mir gelegentlich wie jemand ganz Besonderes vor, weil sie mich eher wie eine Freundin als wie eine Tochter behandelte.«
»Manchmal mochte ich das, manchmal nicht so.« Diana sah zur Seite, als ein Schatten über ihr sonst so offenes Gesicht zog. Langsam erklärte sie: »Wir waren wirklich eine glückliche Familie – ich meine, glücklicher als die meisten. Aber es gab Zeiten, in denen mein Vater bei einer Besprechung war oder unterwegs, um jemandem zu helfen, und ich glaube, meine Mutter fühlte sich dann manchmal ziemlich einsam. Er war nicht etwa verletzend oder so. Er war auch nicht in Kneipen unterwegs oder sonst etwas in der Art. Er war nur einfach sehr selten zu Hause.«

Diana beschrieb, wie sie als junges Mädchen auf einem ihrer harten Küchenstühle wachzubleiben versuchte, während ihre Mutter darüber klagte, daß sie von ihrem Mann vernachlässigt würde. »Nacht für Nacht kriegte sie mich dran und redete endlos. Es schien ihr nichts auszumachen, daß ich ein kleines Mädchen war und am nächsten Morgen in die Schule mußte.« Diana machte wieder eine Pause. Die Gefühle, die sie beim Erzählen erlebte, waren ihr unbehaglich.

»Manchmal hatte ich eine Wut auf sie«, fuhr Diana fort. »Schließlich war mein Vater draußen unterwegs, um Menschen zu helfen. Ich dachte, wir sollten ›fröhliche‹ Schenker sein. Aber ich fand es auch furchtbar, wenn er jeden Abend nach dem Essen aus dem Haus ging, weil er mich mit ihr allein ließ. Meistens hat sie mir leid getan, weil *ich* ihn auch vermißte. Ich hätte alles getan, um sie glücklich zu machen, aber nichts, was ich versuchte, schien so recht zu funktionieren.«

Diana wurde für ihre Mutter zu einer Gleichgestellten und litt so unter einer weiteren Vergewaltigung ihrer Kindheit. Sie wurde nicht nur ihrer rechtmäßigen Beziehungen zu ihren Geschwistern und der Möglichkeit beraubt, mit Kindern ihres eigenen Alters Freundschaft zu schließen, sondern auch noch gezwungen, zur Freundin ihrer Mutter zu werden. Dieses kleine Mädchen war von ihrer Entwicklung her noch nicht so weit, erwachsen zu sein – und dennoch wurde von ihr erwartet, daß sie sich wie eine Erwachsene gab, den Eltern gleichgestellt.

Es ist keine Überraschung, daß Diana auch als Erwachsene noch immer für jeden ein offenes Ohr hat. Überall und immer, mag sie auch noch so erschöpft sein, fühlt sie sich gezwungen, still zu sitzen und jedem zuzuhören, der eine Geschichte zu erzählen, eine Frage zu stellen oder einen Kommentar zu machen hat. Sie verhält sich noch immer wie das kleine Mädchen, das in dem Versuch, die emotionale Lücke zu füllen, die sein Vater gelassen hat, von den unrechtmäßigen Ansprüchen ihrer Mutter eingefangen wurde.

Ersatzpartner

Kindern die Rolle eines Gleichgestellten zuzuweisen, kann auch zwischen Eltern und Kindern desselben Geschlechts vorkommen, aber die Rolle des Ersatzpartners entwickelt sich gewöhnlich zwischen einem Elternteil und einem Kind des anderen Geschlechts. Ein Kind wird zum Ersatzpartner, wenn ein Elternteil eine Bindung mit dem Kind eingeht, in der es der Stellvertreter des Partners oder ein die Ehe ergänzendes Element ist.

Ich fragte, wie oft Diana ihren Vater gesehen habe. Sie erklärte: »Genaugenommen war ich mit ihm wohl öfter zusammen als meine Mutter. Ich war immer sein Liebling. An manchen Abenden nahm er mich mit zu seinen Treffen und zu den Nachbarn. Ich weiß noch, daß ich mich sehr stolz und hübsch fühlte, wenn ich neben ihm saß und ihm dabei zuhören durfte, wie er anderen half. Überall, wo wir hinkamen, waren die Leute froh, ihn zu sehen. Und dann dachte ich: Das ist mein Vater.

Als ich älter wurde, begann er mir anzuvertrauen, wie es dem Geschäft und ihm selbst erging. Besonders in den harten Zeiten pflegte er zu sagen: ›Nun beunruhige deine Mutter nicht mit diesen Sachen. Du weißt, wie leicht sie sich Sorgen macht.‹ Und dann führte er detailliert das eine oder andere Problem aus.« Diana lächelte vorsichtig. »Ich weiß nicht, ob es mich stolz macht oder verlegen, dir das zu erzählen. Er hat mich immer so behandelt, als ob ich stärker wäre als die anderen, stärker sogar als meine Mutter.«

Die Beziehung, die sich zwischen einem Elternteil und dem Kind (in der Rolle des Ersatzpartners) entwickelt, ist eine tiefe emotionale Bindung, die die Verbindung zwischen Eheleuten auszublenden scheint. Auch wenn es nicht um sexuellen Mißbrauch geht, sind die Auswirkungen auf emotionaler Ebene für das Kind so ähnlich wie die von Inzest. Beim Inzest wie auch bei der Rolle des Ersatzpartners wird von dem Kind erwartet, sich wie ein Erwachsener zu benehmen. Beim Inzest geht es um eine sexuelle Handlung. Vom Ersatzpartner wird erwartet, daß er sich in einem Maße kümmert und für ein inniges Verhältnis sorgt, das die Fähigkeiten eines Kindes bei weitem übersteigt. Der junge Erlöser wird gezwungen, eine Beziehung auf der Ebene eines Erwachsenen einzugehen.

Die Rollen des Ersatzpartners und des Gleichgestellten ähneln sich darin, daß das Kind in eine mit einem oder beiden Elternteilen gleichrangige Beziehung gestellt wird. Wie bei allen jungen Erlösern, die in solche Situationen kommen, wird von dem Kind erwartet, die Bedürfnisse der Eltern zu erfüllen, da es sonst keiner tut

(»Dein Vater ist heute unterwegs und verrichtet die Arbeit des Herrn. Willst du heute nicht mit mir aufbleiben, damit wir reden können?« – 1. Seite). Im Rahmen dieses Prozesses werden die Bedürfnisse des Kindes ignoriert (»Ach, du kannst noch ein bißchen länger aufbleiben. Du bist eine große Hilfe.« – 2. Seite).
Viele erwachsene Erlöser waren einmal kleine Kinder, die dazu erzogen wurden, sich so zu verhalten, als wären sie ihren Eltern gleichgestellt. Meist kommt es dann zu solch ungleichen Gespannen, wenn ein Elternteil ständig beschäftigt und daher emotional nie zu Hause ist. Das kann zum Beispiel auch Familien mit einer arbeitssüchtigen Mutter einschließen, die tagsüber ihrem Beruf nachgeht und danach noch die Abendschule besucht (ehrenamtlich beschäftigt ist, kranken Freunden aushilft oder zu einer Ausschußsitzung geht). Um seine Zeit auszufüllen, wendet sich der Vater dann vielleicht der Tochter zu. Es kann aber auch sein, daß die Mutter ihren Sohn (Ersatzpartner) oder ihre Tochter (Gleichgestellte) an sich bindet, um zu ersetzen, was sie vermißt, wenn ihr Ehemann (Wanderprediger, Fernfahrer, Vertreter, Politiker, Pilot) für Wochen am Stück verreist ist. Der emotional abwesende Elternteil ist vielleicht unterwegs, um anderen Gutes zu tun (weil er selber in die Erlöser-Falle gestolpert ist). Dann fühlt sich das Kind oft noch mehr verpflichtet, dem vernachlässigten Elternteil zu Hause »zu helfen«. Die Auswirkungen auf das Kind sind verheerend.

Kann eine »glückliche« Kindheit eine verborgene Falle enthalten?

Kann eine »glückliche« Kindheit eine verborgene Falle enthalten? Ganz gewiß sogar.
Diana hatte innerlich mit sich zu ringen, als ihr immer klarer wurde, daß ihre gottesfürchtigen, wohlmeinenden Eltern ihr eine verzerrte Sicht von Liebe, Gott und ihrem Platz in der Welt mitgegeben hatten. Sie war ein »braves« Mädchen gewesen, was im Prinzip hieß, daß sie keine Zeit hatte, überhaupt ein Mädchen zu sein. Wie die meisten Erlöser wurde sie schon sehr früh zu einer Erwachsenen. Diana war nicht von irgendeinem grausamen Fremden in die Erlöser-Falle

gelockt worden, sondern von ihren eigenen Eltern, die selber Opfer der Erlöser-Falle waren.

Es ist oft ziemlich schwierig, den Schaden zu erkennen, der Kindern zugefügt wird, die in solchen Erlöser-Haushalten aufwachsen. Viele Erlöser sind wie Diana in dem Glauben groß geworden, daß ihre Kindheit eine positive Erfahrung war und daß ihre Werte nicht nur vernünftig sondern sogar gottgegeben sind. Es kann sehr beunruhigend sein, dem Gedanken näherzutreten, daß die eigene Kindheit zwar recht friedlich war, einem aber vielleicht dennoch von Menschen geraubt wurde, die nichts Böses im Sinn hatten.

Die meisten Erlöser ziehen es vor, so zu tun, als ob sie eine glückliche Kindheit gehabt hätten, obwohl sie tatsächlich nur sehr wenig, wenn überhaupt, Kind sein konnten. Solange er an dieser Täuschung festhält, wird der Erlöser nicht aus der Erlöser-Falle herauskommen. Zwar verspüren die Erlöser auf einer unbewußten Ebene den Drang, solche Wunden der Kindheit zu heilen, aber es fällt ihnen schwer, das in die Tat umzusetzen, da ihnen noch nie gestattet wurde, ihre rechtmäßigen Bedürfnisse auch nur zu erkennen, geschweige denn sie zu erfüllen. Aber diese Bedürfnisse werden nicht unsichtbar bleiben, nur weil der Erlöser keine Augen hat zu sehen, noch wird der Schmerz schweigen, nur weil der Erlöser sich für sein Rufen taub stellt. Die unerkannten Bedürfnisse und das nicht aufgelöste Leid der Kindheit werden zur versteckten Motivation hinter allem, was der Erlöser als Erwachsener tut. Es braucht Mut, die Wahrheit über die eigene Kindheit zu erkennen, aber es handelt sich dabei um einen notwendigen Schritt auf dem Weg zur Befreiung aus der Erlöser-Falle.

3 Wie Erlöser durch die Verletzungen ihrer Kindheit gefangen sind

»Natürlich sind in meiner Kindheit ein paar üble Sachen gelaufen, aber das betrifft mich jetzt nicht mehr. Ich tue niemand anderem weh. Ich versuche jedem zu helfen, dem ich begegne!«

Jakob

Ich bin zu der Überzeugung gelangt, daß Erlöser in dem Versuch, sich selbst zu helfen, anderen Menschen helfen. Jeder Erlöser ist in irgendeiner Weise verletzt worden. Die Art des erlittenen Schmerzes mag unterschiedlich sein, aber ich habe wiederholt festgestellt, daß die Menschen, die in der Erlöser-Falle stecken, als Kinder tief verletzt worden sind.
Einige Erlöser wurden, wie bereits beschrieben, vorzeitig in fürsorgende Erwachsenenrollen gedrängt. Viele andere jedoch haben in der Kindheit eine ernsthafte Verletzung erlitten, die nur unzureichend aufgelöst wurde. Einige Erlöser wurden als Kinder in den ehelichen Auseinandersetzungen ihrer Eltern hin- und hergerissen. Andere haben unter dem Durcheinander gelitten, das durch Alkohol- oder Drogenmißbrauch der Eltern entsteht. Einige Erlöser wurden als Kinder stark vernachlässigt und sich selbst überlassen. Wieder andere tragen emotionale und körperliche Narben, die das Ergebnis von Schlägen oder sexuellen Übergriffen sind.

Kinder aus Familien mit Eheproblemen

Die fünf Menschen in meinem Büro trugen offensichtlich schwer an starkem emotionalen Leid. Paul, ein für den begeisternden Stil seiner Predigten bekannter Pfarrer, saß jetzt mit ineinander verknoteten Händen da und starrte auf den Boden. Zwei seiner Töchter, vier und

sechs Jahre alt, hatten sich auf dem Sofa aneinandergekuschelt und schnieften still vor sich hin. Sally, die ältere, klopfte immer wieder ihrer Schwester Robin beruhigend aufs Knie. Susi, mit neun die älteste Tochter, hatte ihren Stuhl zwischen ihre Eltern gestellt. Sie alle hörten ihrer Mutter Julia zu, die ihre Enttäuschung über ihre schwierige Ehe herausschluchzte.
»Ich habe bekanntlich spät geheiratet. Ich wollte sicher sein, keinen Fehler zu machen. Was für eine Närrin ich doch war!« beschwerte sich Julia.
Susi warf einen Blick auf ihren Vater, dessen Schultern in sich zusammenfielen. Mit kummervollen Augen wandte sie sich an ihre Mutter und bat: »Bitte sag nicht solche Sachen. Du tust Vati weh.«
Julia fuhr unbeirrt fort: »Am Anfang mochte ich all die Aufmerksamkeit, die er mir entgegenbrachte, aber dann begann sie mich zu ersticken. Er machte immer so viel Aufhebens um mich, als ob ich eine zerbrechliche Puppe wäre – immer wollte er mich umsorgen. Ich fing an zu denken: ›Ich muß hier raus. Ich kriege keine Luft mehr!‹ Ich war fast so weit, ihn zu verlassen, als ich feststellte, daß ich schwanger war.« Sie schaute auf ihren Mann. »Wir beschlossen also zu versuchen, es hinzukriegen. Schon wegen der Kinder.«
Eltern, die behaupten, sie blieben um ihrer Kinder willen in unglücklichen Ehen, mögen das Gefühl haben, sie würden zeigen, wie sehr ihnen das Wohl ihrer Kinder am Herzen liegt. Möglicherweise verletzen sie jedoch ihre Kinder zutiefst, indem sie ihnen eine maßlose Vorstellung von ihrer Macht und Verantwortung geben. Diesen Kindern wird indirekt gesagt, daß die Aufrechterhaltung der Familie letztlich in ihren Händen liegt. Wenn die Kinder nicht wären, würde die Familie sich auflösen. In die Lüge der Erlöser-Falle übersetzt, erhält das Kind die Botschaft, daß niemand die Familie zusammenhalten wird, wenn das Kind es nicht tut (1. Seite: »Wenn ich es nicht tue, wird es nicht getan«).
Es ist nicht ungewöhnlich, daß sich Kinder in dieser Lage von einem Gefühl der Verantwortung überwältigt fühlen. Kinder sind aber mitnichten für ihre Familien verantwortlich. Sie sind vielmehr von ihnen abhängig. Verlassen zu werden, könnte den Tod bedeuten. Kinder wissen um diese Tatsache und fürchten sie. Die Aufrechterhaltung der Familie zu sichern, kann daher noch vor der Sicherung ihres eigenen Überlebens stehen. Ich habe beobachtet, daß diese

Kinder oft mit der Angst leben, daß ihre Familie und ihre eigene zerbrechliche Sicherheit zerschellen könnten, wenn sie einen Fehler machen.

Ein anderer Aspekt dieser Botschaft richtet ebensoviel Schaden an. Da die Eltern angeblich »wegen der Kinder« zusammenbleiben, kann die Fortsetzung der Ehe für diese kleinen Menschen zu einer Quelle von Schuldgefühlen werden. Die Eltern sind offensichtlich unglücklich. Das ist kein Familiengeheimnis. Aber warum verharren ihre Eltern in so viel Unglück? »Wegen der Kinder.« Es ist daher verständlich, daß sich Susi, Sally und die kleine Robin schuldig fühlen – schließlich sind sie der Grund für so viel Leid und Not. Wenn es sie nicht gäbe, hätten ihre Eltern vielleicht glücklich werden können.

Julia ließ weiter ihre Wut raus. »Wir haben uns natürlich Mühe gegeben. Ich jedenfalls. Aber es wird immer alles nur noch schlimmer.« Robin krabbelte auf den Schoß ihrer Mutter und hielt ihr einen Stoffhasen vors Gesicht. »Oh danke, Schätzchen«, ging Julia auf das Angebot ihrer jüngsten Tochter ein. In Robins kleinmädchenhaftem Versuch, ihre Mutter zu trösten und ihr zu gefallen, wurde die Erlöser-Falle für dieses Kind vorbereitet. Robin lernte gerade, daß ihre Bedürfnisse weniger wichtig waren als die der Erwachsenen in ihrem Leben (2. Seite: »Die Bedürfnisse aller anderen haben Vorrang vor meinen eigenen«).

»Bitte spiel auf dem Sofa mit deinen Sachen, Spatz«, bat Julia ihre jüngste Tochter und schickte sie weg. Robin gehorchte und zog ihren Stoffhasen hinter sich her. Sally empfing ihre kleine Schwester mit offenen, tröstenden Armen und liebkoste sie. Hinter Julias lauter Stimme konnte ich hören, wie Sally leise flüsterte: »Es ist schon okay, Robin. Hab keine Angst.« Auch Sally wurde zu einem Erlöser, indem sie in die Rolle einer fürsorglichen Erwachsenen schlüpfte, obwohl sie selbst Trost brauchte.

Schließlich äußerte sich auch Paul. »Es war alles ziemlich schwierig. Das will keiner leugnen. Wir haben beide Fehler gemacht.«

»Willst du mir etwa sagen, dies hier sei mein Fehler?« verlangte Julia zu wissen.

»So hat er das nicht gemeint, Mutti«, sagte Susi in einer für ihr Alter viel zu reifen Stimme. »Er hat nicht versucht, dir die Schuld zuzuschieben.«

Julia wickelte sich fester in ihren Pullover und fuhr beharrlich fort: »Das versucht er auch besser gar nicht erst. Das kannst du deinem Vater sagen!«
Auf ihrem gefährlich hohen Sitz zwischen ihren Eltern, versuchte Susi die verbalen Hiebe zu lindern, die Botschaften zu interpretieren und einen Kompromiß auszuhandeln. Sie erhielt keine Gelegenheit, ihre eigenen Ängste, Enttäuschungen oder ihre Wut zu äußern. Sie traute sich nicht. Ihre Familie könnte auseinanderbrechen, wenn sie nicht da wäre, um etwas Ordnung in die Dinge zu bringen. Susi verbrachte ihre Kindheit nicht als Kind, sondern damit, sich auf ein Leben als Erlöser vorzubereiten.
Wenn man Kinder in eheliche Auseinandersetzungen hineinzieht, legt man enorme Verantwortung auf Schultern, die für eine solche Last noch viel zu jung und schwach sind. Und im Falle einer Scheidung gelangen Kinder dann oft zu dem Glauben, sie hätten jämmerlich versagt, weil sie etwas falsch gemacht hätten. Robin schämt sich dann vielleicht dafür, daß sie ihre Eltern nicht besser zufriedenstellen konnte. Sally wird möglicherweise an Schuldgefühlen leiden, weil es ihr nicht gelungen ist, Robin vor einem solchen Verlust zu schützen. Und wenn die Familie sich in zwei Haushalte auflöst, kann man davon ausgehen, daß Susi hin- und hergerissen sein wird zwischen ihrer Treue zu Mutter und Vater, die die beiden ausnutzen, um einander Nachrichten zu schicken. Schließlich hat Susi schon ihre ganze Kindheit hindurch als Kanal für den Zorn ihrer Eltern hergehalten.
In Wahrheit haben Kinder weder die Macht, eine Ehe zusammenzuhalten, noch sie auseinanderzubringen. Ehen bestehen oder enden je nach den Bedürfnissen der Eltern. Paul und Julia waren aus den verschiedensten Gründen zusammengeblieben, Gründen, die in den nächsten Sitzungen zum Vorschein kamen. Dazu gehörte das Bedürfnis nach finanzieller Sicherheit, die Angst vorm Alleinleben und selbst das Bedürfnis, unglücklich zu sein. Aber in dieser Sitzung waren Julia und Paul nicht bereit, die Verantwortung für ihre Entscheidungen zu übernehmen. Es war viel leichter zu behaupten, daß sie ihr Unglück aus edlen Motiven ertrügen – um der Kinder willen –, auch wenn diese Behauptung auf Kosten der Kinder ging.

»Ich hatte das Gefühl, daß es meine Aufgabe war, meinen Vater vom Trinken abzuhalten«, erklärte Gary. »Ich weiß nicht, warum ich dachte, ich könnte ihn dazu bringen aufzuhören. Meine Mutter hatte es nie geschafft, aber ich gab die Hoffnung nicht auf.«
»Mein Vater war ein sehr robuster und geselliger Mann. Er konnte vor einer Gruppe von Menschen stehen und sie stundenlang zum Lachen bringen. Wenn er nüchtern war, war er ein großartiger Vater. Er ging mit mir angeln, hat mit mir Fußball gespielt, alles, was so dazugehört.« Sein Gesicht verfinsterte sich. »Aber über kurz oder lang ging die Trinkerei wieder los, und es war, nun, einfach grauenhaft. Ein Alptraum an Gewalt und gebrochenen Versprechungen.«
Kinder, die mit alkohol- oder drogensüchtigen Eltern aufwachsen, haben mit einer unruhigen und unvorhersagbaren Welt zu kämpfen. Bei ihnen zu Hause geht es chaotisch zu, und sie leben in einer Umgebung, die die Entwicklung des Kindes immer wieder überraschend unterbricht. Zu manchen Zeiten wurden Garys legitime Bedürfnisse anerkannt und erfüllt. Dann wieder wurden sie ohne Vorwarnung plötzlich vernachlässigt. Gary lernte in diesem Chaos, dieser Gefahr und dieser Enttäuschung zu leben, indem er seine eigenen Bedürfnisse verleugnete (2. Seite) und indem er sich um seinen Vater kümmerte und sogar selbst die Verantwortung eines Vaters übernahm (1. Seite).
»So früh es ging, ich war vielleicht sieben oder acht Jahre alt, fing ich an, nach der Schule Geld dazuzuverdienen, während meine Mutter auf meine kleinen Geschwister aufpaßte. Ich hatte nicht das Gefühl, groß die Wahl zu haben. Meine Mutter hat getan, was sie konnte, aber wenn ich nichts verdient hätte, wäre vermutlich jemand gekommen und hätte uns Kinder in ein Pflegeheim gesteckt. Ich mußte das Ganze zusammenhalten. Meinem Vater wäre das gewiß nicht gelungen« (1. Seite).
»Ich hatte immer ein Grauen davor, die unsicheren Schritte meines Vaters die Treppe hinaufkommen zu hören. Er konnte so verletzend sein, besonders zu meiner Mutter. Ich habe versucht, sie und die anderen zu beschützen.« Er hielt inne. »Es gab nur eins, was mir noch mehr Angst machte, als wenn mein Vater betrunken nach Hause kam, und das war der Gedanke daran, daß es eines Nachts im

Flur ruhig bleiben könnte. Ich lebte ständig in der Furcht, daß sein hitziger Charakter ihn eines Tages das Leben kosten würde.«

Garys Kindheitsangst ist nicht ungewöhnlich. Alle Kinder fürchten sich davor, verlassen zu werden. Das ist eine allgemeine Erfahrung von uns allen. Aber für die Kinder von Eltern, die Alkoholiker sind, kann diese Angst Wirklichkeit werden. Dauernd verlassen zu sein ist eine erschreckend reale Möglichkeit. Garys Vater hatte die stete Sorge für das emotionale und physische Wohlergehen der Familie bereits aufgegeben. Gary wußte jedes Mal, wenn sein Vater das Haus verließ, daß er ihn vielleicht zum letzten Mal gesehen hatte.

»Als ich jedoch älter wurde, hat es mir auch irgendwie gefallen, der Mann im Haus zu sein. Mama und ich kamen toll miteinander aus, und es war ein gutes Gefühl, daß sie sich auf mich verließ. Wir haben noch immer eine enge Beziehung. Sie hat eine kleine Wohnung hinter unserem Haus. Mama verläßt sich noch immer auf mich.«

Gary hat früh seine Kindheit beendet und sich in die Vaterrolle begeben – Beschützer, Ernährer, Freund, Vater. Und es kommt recht häufig vor, daß solche Kinder die Elternschaft gemeinsam mit dem nichtsüchtigen Elternteil ausfüllen.

Kinder aus Familien, in denen es Drogenmißbrauch gibt, geraten durch eine Reihe von Rollen leicht in die Erlöser-Falle. Sie werden zu kleinen Eltern, Ersatzpartnern oder Gleichgestellten. Unabhängig davon, wie sie dazu werden, bekommen Kinder wie Gary die beiden Seite der Erlöser-Falle beigebracht. Gary glaubte, daß sich kein anderer als er um seine Familie kümmern würde (1. Seite) und daß es alles, was es ihn persönlich kosten möge, wert sei, die Familie zusammenhalten (2. Seite). Der Schmerz, den Gary erfuhr, ging sehr tief und brachte ihn leicht aus dem Gleichgewicht, was ihn kopfüber in die Erlöser-Falle jagte.

Vernachlässigte Kinder

Daniels Augen waren voller Schmerz, als er beschrieb, wie er herangewachsen war. »Ich habe als Junge die meisten Nächte auf der Straße verbracht, habe mich in Hauseingängen zusammengerollt oder bin durch Los Angeles getigert. Meine Mutter«, seine Stimme brach, »also, sie hat in unserer Einzimmerwohnung oft Kunden empfangen. Aber das Geld, das sie so verdient hat, hat sie für ihre Drogen gebraucht, nicht für mich.«

»Es hat nicht lange gedauert, bis ich gelernt hatte, mich selbst durchzubringen. Als ich erst mal raushatte, wie man die Mülltonnen durchwühlen muß, um etwas zu essen zu finden, wie man bettelt oder sogar stiehlt, habe ich auf der Straße gut überlebt. Ich war ziemlich gerissen«, gestand er.

»Es ist ein langer Weg von der Straße zum Jura-Studium«, meinte ich.

Daniel grinste. »Einmal war ich gerade dabei, einer Dame etwas Kleingeld abzuluchsen. Da kam dieser Typ auf mich zu und bot mir einen Job an. Ruckzuck hatte er mich in einem Arbeitsbeschaffungsprogramm der Kirche untergebracht. Dieser Typ hat mein Leben gerettet. Erst hat er mir durch die Schule geholfen und mich dann auch noch im Studium finanziell unterstützt. Er hat versucht, all den Schaden wieder gutzumachen, den meine Mutter angerichtet hatte.«

Daniels Dankbarkeit gegenüber dem Sozialarbeiter, der sich seiner angenommen hatte, war leicht zu verstehen. Ich war jedoch weniger optimistisch, daß all der Schaden, den seine Mutter angerichtet hatte, damit aus der Welt wäre. Daniel hatte von seiner Mutter die Lügen der Erlöser-Falle gelernt – daß er die Verantwortung hatte und daß er allein war. Als Rechtsanwalt schien er förmlich unter einem Zwang zu stehen, seine Klienten zu retten, so als ob er irgendwie immer noch sich selbst vor den Gefahren der Straße in Sicherheit bringen müßte.

Eine so schlimme Vernachlässigung ist ziemlich leicht zu erkennen. Viele Erlöser beginnen jedoch als vernachlässigte Kinder, deren Mißhandlung gut verdeckt ist, weil sie auf einer emotionalen Ebene liegt. Kinder, die Nahrung, Schutz und die physischen Notwendigkeiten des Lebens erhalten, werden selten als vernachlässigt betrachtet. Aber Kinder, die nicht auch psychische Zuwendung bekommen, laufen unabhängig von dem sozio-ökonomischen Status der Familie Gefahr, in der Erlöser-Falle zu landen.

Das folgende ist eine Liste der Kandidaten für die Falle:

- Kinder aus großen Familien.
- Kinder, deren Eltern körperlich oder geistig krank sind und daher nicht in der Lage, sich beständig um sie zu kümmern.

- Kinder alleinerziehender Eltern, wenn das erziehende Elternteil von der Verantwortung, die es für eine Familie trägt, überwältigt ist und / oder die Kinder den anderen Elternteil selten sehen.
- Kinder aus Familien, in denen beide Eltern berufstätig sind und nicht genügend Zeit und Energie für die Elternschaft haben.
- Kinder in Internaten, die sich von ihren Eltern verlassen und vernachlässigt fühlen.

Wenn die legitimen Bedürfnisse der Kinder in den übermächtigen Bedürfnissen und Problemen der Eltern untergehen, sind Kinder gezwungen, sich selbst Eltern zu sein. Diese Kinder lernen, daß sie alles, was getan werden muß, selber tun müssen (1. Seite), und daß sich ganz gewiß kein anderer ihrer Bedürfnisse annehmen wird (2. Seite). Der finanzielle Druck und die zeitlichen Begrenzungen, unter denen Eltern stehen, sind zugegebenermaßen real, aber das sind die legitimen Bedürfnisse der Kinder auch. Wenn Eltern die Verantwortung für die emotionale Erziehung eines Kindes aufgeben, kann die Falle, unabhängig von der »Berechtigung« der Gründe, über einem weiteren Erlöser zuschnappen.

Körperlich mißhandelte Kinder

Jakob, ein ernsthafter und intelligenter Mann, kam sehr zögernd in die Therapie, nachdem er wegen eines Magengeschwürs im Krankenhaus gelegen hatte. »Ich habe weder Zeit noch Geld für solche Extravaganzen«, beschwerte er sich. Aber sein Arzt bestand darauf. »Mein einziges Problem«, informierte mich Jakob, »ist, daß der Tag nicht genug Stunden hat, um all das zu tun, was getan werden muß.« Als ich danach fragte, wie seine Eltern ihn aufgezogen hatten, beschrieb Jakob, wie seine Mutter furchtbare Wutanfälle bekam. »Es gab verschiedene Dinge, die sie aufbrachten – mein Zimmer zum Beispiel. Ich versuchte, es sauber zu halten, aber manchmal war es ihr einfach nicht sauber genug.«

Jakob ballte seine kraftvollen Hände. »Ich weiß noch, daß ich einmal in die Schule gegangen bin, ohne vorher mein Bett zu machen. Ich dachte, daß ich so rechtzeitig wieder zu Hause sein würde, daß ich aufräumen könnte, bevor sie aus der Arbeit kam. Aber dann hat die Turnstunde länger gedauert. Sie kam vor mir nach Hause und explodierte!« Jakob wedelte mit den Armen in der Luft herum und führte mir vor, was geschah: »Sie hat mir ins Gesicht gehauen, immer und immer wieder. Ich hob meinen Arm, um mich zu schützen, und da schrie sie, daß ich versuchen würde, sie zu schlagen! Ich fühlte mich so schuldig. Wenn ich nur mein Zimmer sauber gehalten hätte, wäre das alles nicht passiert.«

Jakob hat durch die Beschimpfungen und Strafen seiner Mutter eine verzerrte Sicht seiner eigenen Macht und Verantwortung entwickelt. Er glaubte, daß er sich vor Schaden schützen könne, wenn er sich richtig benahm (nämlich so, wie es seiner Mutter gefiel). Wenn er sich anders verhielt, würde er bekommen, was er verdiente: Prügel. Jakob ist in einer furchterregenden Welt aufgewachsen, in der seine Sicherheit von dem Menschen erschüttert wurde, der sein Beschützer hätte sein sollen.

Jakob hat gelernt, daß er selbst für eine Welt würde sorgen müssen, die sicher war (1. Seite). Die Mißhandlungen durch seine Mutter lehrten ihn außerdem, daß seine Bedürfnisse nach Sicherheit für niemanden sonst wichtig waren (2. Seite). Es überrascht nicht, daß dieser verschreckte kleine Junge als Jugendlicher Gewichtheben trainierte, seine körperliche Kraft aufbaute und als Erwachsener zu einem sozial engagierten Mann wurde, dessen Leben nun davon bestimmt wird, sich für die Armen, die Hilflosen und die Obdachlosen einzusetzen.

Sexuell mißbrauchte Kinder

»Mir graut schon lange vor dem Tag, an dem du nach meiner Vergangenheit, meiner Kindheit fragen würdest«, gestand Alicia, und ihre Augen füllten sich wieder mit Tränen.

»Fahr nur dann fort, wenn du dich dazu bereit fühlst«, beruhigte ich sie.

Alicia seufzte tief auf und verkündete: »Ach, vermutlich bin ich jetzt so bereit, wie ich es je sein werde.« Dann beschrieb sie eine Familie, die an der Oberfläche friedlich und fast vollkommen erschien.

»Meine Mutter war schon seit Jahren immer wieder mal krank, aber nach einer Zeit schienen wir uns dem alle anzupassen. Die Nächte waren besonders schlimm für sie, so daß mein Vater oft nicht viel Schlaf bekam. Aber wir haben alle mitgeholfen. Ich habe versucht, so viel wie möglich zu übernehmen.

Alles lief ganz gut, bis ich ungefähr neun Jahre alt war. Da starb plötzlich mein Großvater. Es war für uns alle ein furchtbarer Schock! Ich war in der Küche und bereitete gerade das Abendbrot, weil meine Mutter nicht gut beieinander war. Sie war hinten in ihrem Schlafzimmer, und meine Brüder und Schwestern spielten draußen im Garten. Da klingelte das Telefon. Ich hörte die Stimme meines Vaters, die erst ganz normal klang, aber dann wurde sie plötzlich völlig verspannt.« Alicia schüttelte sich. »Obwohl ich nicht verstehen konnte, was er sagte, wußte ich, daß etwas Schlimmes passiert war.«

Alicias Tränen flossen freier, als sie fortfuhr, ihr trauriges Geheimnis zu erzählen. »Ich ging ins Wohnzimmer, um zu sehen, was los war, und er saß einfach da auf dem Sofa mit einem ganz merkwürdigen Gesichtsausdruck. Ich konnte nicht erkennen, ob er traurig oder wütend oder sonstwas war. Ich versuchte ihn zu trösten, setzte mich neben ihn und lehnte meinen Kopf an seine Schulter. Ich wollte gerade nach dem Anruf fragen, als er die Arme nach mir ausstreckte und mich festhielt. Ich glaube, er weinte. Erst fand ich es schön, daß er sich an mir festhielt. Ich hatte das Gefühl, etwas Besonderes zu sein. Aber dann, ich weiß auch nicht, begann es sich komisch anzufühlen. Ich kriegte so ein unruhiges Gefühl im Bauch.« Ihre Stimme brach.

»Ich hätte ihn aufhalten sollen! Es war alles meine Schuld! Er war ja so durcheinander, daß er nicht wußte, was er tat...« Sie zitterte am ganzen Körper, als sie ihr Geheimnis aufdeckte.

»Er nahm mein Gesicht in die Hände und begann, mich zu küssen. So war ich noch nie geküßt worden. Dann fing er an, mich überall zu streicheln, und ich mußte ihn auch streicheln.« Sie verbarg ihr Gesicht in den Händen und gestand: »Es war so scheußlich und machte mir so viel Angst.«

»Und dann stand er einfach auf und ging weg, als ob nichts geschehen wäre. Ich war so betäubt, daß ich einfach da auf dem Sofa sitzen blieb – vermutlich war ich im Schock. Er drehte sich um und sagte:

›Das darfst du nie jemandem erzählen. Besonders nicht deiner Mutter. Es würde sie umbringen. Du weißt ja, wie krank sie ist. Hast du mich verstanden?‹ Ich nickte. ›Außerdem‹, versprach er, ›wird es nie wieder geschehen.‹«

Alicia schüttelte langsam den Kopf. »Und ich habe ihm geglaubt. Ich habe nie jemandem davon erzählt, obwohl ... obwohl es immer und immer wieder passierte. Es muß etwas ganz Schlechtes in mir sein, daß er das seiner eigenen Tochter antun wollte – das hat er mir gesagt, daß es meine Schuld sei, daß ich es ja so haben wollte. Vielleicht wollte ich es. Ich weiß es einfach nicht mehr. Es kommt mir wie ein schlechter Traum vor.«

Kinder, die wie Alicia sexuell ausgebeutet und mißbraucht worden sind, werden auf verschiedene Arten in die Erlöser-Falle gejagt. Erstens haben Kinder, die sexuell mißbraucht wurden, oft übersteigerte Verantwortungs- und Schuldgefühle. Wir neigen in dieser Gesellschaft dazu, dem Opfer die Schuld an dem Übergriff des Täters zuzuschreiben, sei es nun bei Vergewaltigungen (»So wie du angezogen bist, hast du das selbst herausgefordert«), Einbruch (»Es wäre nicht passiert, wenn du die hinteren Fenster so abgesichert hättest, wie ich es dir geraten habe«) oder Überfällen (»Was hast du überhaupt da draußen im Dunkeln zu suchen gehabt?«). Bei Kindern wie Alicia kommt die Botschaft laut und deutlich an: Verantwortlich ist das Kind (1. Seite).

Zweitens werden die Opfer sexuellen Mißbrauchs gelehrt, daß sie Erwachsenen um jeden Preis gehorchen und gefallen müssen. Alicia hat gelernt, daß sie dafür verantwortlich war, die Bedürfnisse ihres Vaters zu erfüllen (1. Seite), egal, was sie dafür opfern mußte (2. Seite).

Drittens bekommen die Opfer sexueller Belästigungen beigebracht, ihren eigenen Gefühlen und Wahrnehmungen zu mißtrauen. Kinder hören viele Lügen über sexuellen Mißbrauch. Da erzählt ein Großvater seiner Enkelin vielleicht, alle kleinen Mädchen würden auf diese Weise etwas über Sex lernen, dort eine Tante ihrem Neffen, daß sie ein neues Spiel kennt, das so viel Spaß macht und so besonders ist, daß er nie jemandem davon erzählen dürfte. Alicia ist dazu verleitet worden zu glauben, daß sie irgendwie ihren Vater verführt hätte, daß sie die Schuld an den Belästigungen tragen würde. In solchen Fällen wird einem Kind nicht nur Gewalt angetan, sondern es wird auch noch dazu gebracht, die eigenen Gefühle darüber für falsch zu halten und ihnen nicht zu trauen. Alicias Verwirrung, wer denn nun verantwortlich war, die bis zu dem Punkt ging, daß sie sich fragte, ob es überhaupt wirklich zu den Belästigungen gekommen sei, ist bei Kindern, deren Fähigkeit sich selbst zu trauen auf so tragische Weise untergraben worden ist, durchaus üblich. Solche Kinder lassen oft jeden Anspruch los, sich selbst zu schützen oder ihre eigenen Bedürfnisse befriedigt zu bekommen (2. Seite).

Nicht nur werden diese Kinder getäuscht, sie werden auch dazu verleitet, andere zu täuschen. Alicias Schweigen wurde ihr mit dem Hinweis auf die schlechte Gesundheit ihrer Mutter abgerungen. Man weiß, daß die Opfer von sexuellem Mißbrauch, selbst Kinder im Vorschulalter, lieber unsägliche Schrecken ertragen, als ihre Lieben in Gefahr zu bringen. Die Schändungen zu ertragen und sie geheim zu halten, wird für diese Kleinen zur Lebensform.

Wenn die Belästigungen geheimgehalten werden, kann man nicht die Wahrheit sagen. Dann müssen Lügen erzählt werden.

»Ich habe meine Mutter angelogen, wenn ich erzählt habe, wo ich mit meinem Vater gewesen war und was wir gemacht hatten«, erklärte mir Alicia. »Ich versuchte, ihm so gut ich konnte aus dem Weg zu gehen. ›Ich verstehe das einfach nicht‹, sagte sie dann, ›du warst doch immer Papis kleines Mädchen‹. Wenn meine Mutter nur wüßte!«

Lügen, Lügen, Lügen. Alicia war in den Lügen der Erlöser-Falle gefangen.

Jedesmal wenn Alicia aufwachte und den Schatten ihres nackten Vaters an ihrem Bett stehen sah, verstand sie nur allzu gut, wessen Bedürfnisse wichtig waren (2. Seite: »Die Bedürfnisse aller anderen haben Vorrang vor meinen eigenen«). Es gab niemanden im Haus, auf den sie sich als Beschützer hätte verlassen können. Wenn diese Sache je zu einem Ende kommen sollte, dann wußte sie, daß sie das ganz allein würde herbeiführen müssen (1. Seite: »Wenn ich es nicht tue, wird es nicht getan«).

Von Verletzungen aus der Kindheit gefangengehalten

Robin, Sally, Susi, Gary, Daniel, Jakob und Alicia haben eines gemeinsam: Eine Verletzung, die ihnen als Kindern beigebracht wurde, hat sie für die Erlöser-Falle zurechtgemacht. Schon in zarten Jahren wurden sie nicht behütet und beschützt, sondern ausgebeutet, betrogen und herumgestoßen. Sie empfingen Prügel statt Umarmungen, Verführung statt Sicherheit. Kindliche Unschuld und Neugier wurden durch die unhandliche, schwere Last erwachsener Verantwortung und Verletzungen ersetzt, die bis in den Kern ihres Selbstwertgefühls trafen. Als diese Kinder voller Schmerz zu erwachsenen Erlösern heranwuchsen, wurde die Verletzung aus ihrer Kindheit bei dem Versuch, die Häßlichkeit und den Schrecken zu verbergen, oft tief begraben. So wurden sie zu Erwachsenen, die wie unter einem Zwang stehen, anderen zu helfen, die sie an sie selbst erinnern – getrieben von dem Leid ihrer eigenen Kindheit.

4 Die acht Merkmale des Erlösers

»Obwohl ich die meiste Zeit mit Menschen zusammen bin, fühle ich mich oft irgendwie einsam und sogar anders. Vielleicht habe ich auch ein bißchen Angst davor, daß mich jemand genauer betrachten und sehen könnte, wie fehl am Platze ich hier wirklich bin.«

Elizabeth

Mein erstes Treffen mit Elizabeth ähnelte eher einem Vorstellungsgespräch als einer Therapiestunde. Ihre Kleidung und ihre Manieren waren perfekt. Elizabeth saß aufrecht und voller Selbstvertrauen vor mir. Nur daß sie ständig ihre wohlmanikürten Hände rang, verriet ihre innere Anteilnahme. Sie wartete ab, bis ich das Gespräch eröffnete. »Bitte erzähl mir von dir selbst, wann immer du soweit bist«, sagte ich.

Sie antwortete prompt, indem sie die Kurse der angesehenen Privatschule beschrieb, an der sie Rektorin war. Als sie fertig war, holte sie tief Luft und wartete. Es sah so aus, als ob sie nichts anderes zu bieten hätte als eine gut einstudierte Vorstellung.

»Aber ich möchte etwas über *dich* wissen«, sagte ich sanft.

Ihr stiegen Tränen in die Augen. »Darum geht es ja gerade. Außer über meine Arbeit gibt es nichts zu berichten. Ich fühle mich getrieben, diesen Schülern zu helfen. Es ist fast wie eine Sucht. Ich habe mich selbst immer als erfolgreich betrachtet, jedenfalls bis jetzt. Es geht um mein Privatleben, oder, um genauer zu sein, um den Mangel an Privatleben. Meine Arbeit ist mein ganzes Leben. Ich habe so ein Gefühl, als ob ich etwas verpassen würde, als ob es mehr geben müßte.«

Als ich sie nach ihrer Kindheit fragte, erklärte Elizabeth: »Meine Eltern haben sich getrennt, als ich ungefähr zwei Jahre alt war. Das war noch zu den Zeiten, wo man sich nicht scheiden ließ und Kindergärten keine Zweijährigen aufnahmen. Meine Mutter mußte eine besondere Absprache mit einem Kindergarten treffen, da sie arbeiten gehen mußte. Sie sagt, ich hätte oft geweint. Sie sagt, ich

hätte schluchzend hinter der Tür des Kindergartens gestanden und sie mit meinen kleinen Händen aufzustoßen versucht, um ihr zum Auto folgen zu können. Aber ich erinnere mich daran überhaupt nicht. Ich weiß hauptsächlich noch, wie viel Spaß mir das Basteln und die Spiele gemacht haben und wie sehr ich meine Erzieherin, Fräulein Carlson, geliebt habe.
Fräulein Carlson ließ mich die Schildkröten füttern und hing meine Bilder an der Tafel auf, lauter solche Sachen – wahrscheinlich weil ich so jung war und die einzige in der Gruppe, die aus einer zerbrochenen Familie stammte. Mir kam sie gar nicht so zerbrochen vor, wahrscheinlich weil ich noch so klein war, als mein Vater wegging. Ich kann mich noch nicht einmal daran erinnern, überhaupt mit ihm zusammengelebt zu haben. Tatsächlich habe ich mehr Erinnerungen an Fräulein Carlson und meine Babysitter als an meine Mutter oder meinen Vater. Ich weiß, daß meine Mutter ihr Bestes für mich getan hat. Wenn sie mich am Kindergarten absetzte, sagte sie immer: ›Lerne tüchtig, dann bist du Mutters kleine Helferin.‹ Also lernte ich tüchtig.«
Elizabeth schaute auf, als hätte sie eine Entdeckung gemacht: »Das habe ich bisher nicht erkannt, aber wahrscheinlich habe ich deswegen die Vorstellung entwickelt, daß ich meiner Mutter irgendwie helfen würde, wenn ich gut in der Schule wäre. Ziemlich albern, was kleine Kinder so alles denken. Meine Mutter tat mir so leid, sie war allein und mußte so hart arbeiten. Meine Zeugnisse nach Hause zu bringen war herrlich, weil sie immer so glänzend waren. Dann strahlte meine Mutter voller Stolz übers ganze Gesicht. Vermutlich habe ich wettzumachen versucht, daß mein Vater weg war.«
Elizabeth beschrieb ihre ersten Schuljahre. »Mir hat es in der Schule immer gefallen. Ich weiß, welchen Einfluß ein Lehrer haben kann. Vermutlich arbeite ich deswegen heute im Erziehungsbereich. Ich fühlte mich in der Schule mehr daheim als allein in dem großen, leeren Haus. Sobald ich nachmittags nach Hause kam, wünschte ich, es wäre schon wieder der nächste Tag, damit ich wieder in die Schule gehen könnte. Da ich so viel gearbeitet habe, war ich meistens der Klasse voraus. In der dritten Klasse hat mich meine Lehrerin sogar ganz allein eine Fördergruppe leiten lassen. Sie machte die eine Gruppe und ich die andere. Ich war einfach hingerissen!«

Als Elizabeth in die vierte Klasse kam, gab es jedoch Ärger. Sie geriet an eine starre Lehrerin, die von Elizabeth verlangte, im selben Tempo zu arbeiten wie der Rest der Klasse. Wenn sie früher fertig war, mußte Elizabeth an ihrem Platz sitzen bleiben und auf die anderen warten. »Es ist mir ein bißchen peinlich, das zuzugeben«, sie sah mich aus den Augenwinkeln an, und über ihr Gesicht zog ein verschämtes Grinsen, »aber ich habe es der guten Frau wirklich schwergemacht. Ich nutzte meine ganze Energie, um sie zu ärgern, ohne erwischt zu werden. Einmal überredete ich einen der Jungens, ihr einen Zettel auf den Rücken zu kleben, auf dem stand: ›Tritt mich‹. Ich kam mir so gescheit vor. Sie lief den ganzen Nachmittag mit dem Zettel rum. Dann kam sie zitternd vor Wut auf mich zu und sagte: ›Ich weiß, daß du dahinter steckst, und glaub mir, irgendwann kriege ich dich!‹ Das ist ihr aber nie gelungen.
Dieses Schuljahr war einfach furchtbar. Meine Noten wurden schlechter. Es war das erste Mal, daß ich irgendwo eine Zwei bekam. Ich fühlte mich als Versager. Ich flehte meine Mutter an, mich aus der Schule zu nehmen.« Obwohl das eine zusätzliche Belastung bedeutete und ihre finanziellen Mittel ohnehin eher knapp waren, überredete Elizabeth ihre Mutter, sie auf eine Privatschule zu geben. »Zu der Zeit war mein Vater wieder aufgetaucht und gab uns gelegentlich etwas Geld. Aber es war immer noch knapp, und meine Mutter sagte: ›Wenn du in die Privatschule gehst, werde ich kein Geld haben, dir neue Kleider zu kaufen oder mit dir auszugehen.‹ Ich sagte ihr, das sei mir egal – sie solle mich nur aus dieser Klasse rausholen.«
Die neue Schule wurde für Elizabeth bis zum Ende der Schulzeit ein Ort der Geborgenheit. Sie war in der Mathematik-AG aktiv, wurde Präsidentin des Debattierklubs und Herausgeberin der Schülerzeitung.
»Wie stand es mit Verabredungen und engen Freundschaften?« fragte ich. Elizabeth zuckte gleichmütig die Schultern. »Die Jungens machten alle so einen unreifen Eindruck, und ich war so von meinen Projekten beansprucht, daß ich gar kein Bedürfnis nach vielen Freunden hatte. Der einzige Mensch, mit dem ich damals wirklich gern geredet habe, war meine Mutter. Wir waren wie die besten Freundinnen. Sie hat mir von den Männern erzählt, mit denen sie ausging, und mich um Rat gefragt. Das gab mir das Gefühl, wichtig zu sein.«

Elizabeth machte eine Pause, und ihr Gesicht wurde von einer Welle von Traurigkeit überflutet. »Wenn ich jetzt zurückschaue, erinnere ich mich doch an eine Gelegenheit, bei der ich mich einsam gefühlt habe, sogar ein bißchen merkwürdig. Im letzten Schuljahr habe ich an unserem Schüler-Jahrbuch gearbeitet. Als es schließlich fertig gedruckt war, waren alle, die daran mitgearbeitet hatten, ziemlich aufgeregt. Wie üblich habe ich den Lehrer gefragt, ob ich helfen könne, und er hat mich die Bücher verteilen lassen. Jeder schnappte sich ein Exemplar und rannte rum, um sich von den anderen etwas hineinschreiben zu lassen. Ich stand einfach da. Keiner aus der Klasse kam mit seinem Buch zu mir. Der Lehrer bemerkte das und bat mich, in seins zu schreiben. Er war auch der einzige, der etwas in mein Jahrbuch geschrieben hat, und ich weiß immer noch, was es war: ›Für eine ungewöhnlich begabte junge Frau. Ich hoffe, daß Du alle Deine Träume erreichen wirst.‹«

Für Elizabeth wurde die Erlöser-Falle aufgestellt, als sie als kleines Mädchen lernte, ihrer Mutter dadurch »zu helfen«, daß sie in der Schule brillierte, und ihren Lehrern, indem sie ihre Mitschüler unterrichtete. Als Jugendliche war Elizabeth unfähig, zu Schülern ihrer eigenen Altersgruppe eine Beziehung aufzunehmen, und machte statt dessen ihre Mutter zu ihrer »besten Freundin«. Alle diese Erfahrungen stellten Elizabeth vorzeitig in fürsorgende Erwachsenenrollen.

Zusätzlich hat Elizabeth in ihrer Kindheit eine Verletzung erlebt, die unangemessen aufgelöst worden war. Scheidung ist zwar für alle Kinder schwierig, aber die Scheidung von Elizabeths Eltern richtete einen besonderen Schaden an. Erstens hat Elizabeths Vater in ihren jungen Jahren überhaupt keinen Kontakt zu ihr aufrechterhalten. Dieses Verlassenwerden hat Elizabeth tief getroffen, so tief, daß sie sich vormachte, es täte gar nicht weh. Elizabeth hat ihn nicht sehr oft erwähnt. Zugleich war Elizabeths Mutter gezwungen, arbeiten zu gehen. Dieser zweite Verlust hat tief in ihr junges Herz geschnitten. Elizabeth hat wieder versucht, diesen Verlust zu ignorieren, indem sie sich weigerte, daran zu denken, wie sie beobachten mußte, daß ihre Mutter sie täglich im Kindergarten abgab und ging. Aber die zweijährige Elizabeth wußte, daß ihr Vater verschwunden und nicht wiedergekommen war. Welche Garantie gab es, daß ihre Mutter nicht genau das gleiche tun würde?

Diese Verletzung, die Elizabeth tagtäglich erlebte, brachte sie dazu, ihren eigenen Wert in Zweifel zu ziehen. Sie begann, sich anders zu fühlen als die anderen Kinder, weil sie aus einer »zerbrochenen« Familie stammte. Elizabeth versuchte einen Weg zu finden, ihr zerbrochenes Zuhause und ihr zerbrochenes Herz zu flicken.

Durch den ungelösten Schmerz in ihrer Kindheit wurde Elizabeth zu einer Hilfssüchtigen. Sie entwickelte die acht typischen Merkmale, die man bei den meisten Erlösern findet. Ein Erlöser

1. versucht, sich ein Selbstwertgefühl zu »verdienen«, indem er Wertvolles leistet.
2. läßt andere seine Handlungen bestimmen.
3. muß immer brillieren.
4. wird davon angezogen, anderen mit einem ähnlichen Schmerz zu helfen.
5. hat Schwierigkeiten, intime Beziehungen und solche zu Gleichgestellten aufzubauen.
6. ist in einem Kreislauf von Vereinsamung gefangen.
7. fühlt sich zu endlosen Aktivitäten getrieben.
8. hört auf, wenn er umfällt.

1. Der Erlöser versucht, sich ein Selbstwertgefühl zu »verdienen«, indem er Wertvolles leistet

Als Kind blieb Elizabeth oft nach dem Unterricht noch in der Schule, um für ihre Lieblingslehrer Tafeln und Schwämme zu säubern. Nun saß sie bis in die späten Abendstunden, um Finanzierungspläne für die eifrigsten Lehrer an ihrer Schule auszuarbeiten.

Auch wenn Erlöser nach außen hin so tun, als fühlten sie sich wichtig, haben sie unter der Oberfläche oft Zweifel an ihrem eigenen Wert. In ihrem Bemühen, ein Selbstwertgefühl zu erringen, sind sie motiviert, »wertvolle« Ziele zu erreichen. Ihre Aufmerksamkeit verschiebt sich von dem *inneren* Ziel, das Gefühl zu entwickeln, etwas Besonderes zu sein, auf *äußere* Leistungen. Sie versuchen sich in einer Weise auszuzeichnen, die ihnen eine erwünschte Reaktion jener Menschen einbringt, die sie als wertvoll erachten – im allgemeinen sind das Eltern, Lehrer oder andere Autoritätspersonen. Erlöser entwickeln als Kinder Fertigkeiten, die von den Erwachsenen geschätzt werden. Dazu gehört meistens, daß sie den Erwachsenen, von denen sie als Erlöser-Kinder abhängig sind, »von Hilfe« sind.

Elizabeth wurde in der Schule indirekt beigebracht, daß sie mehr Wert hat, wenn sie die Erwartungen der Lehrer erfüllt. Sie erkannte, daß es die Lehrer waren, nicht die Mitschüler, die die Noten verteilten. Folglich vernachlässigte sie ihr Bedürfnis nach Freundschaften. Was für Elizabeth wichtig war, war Lob und Anerkennung von den Erwachsenen, die in ihrem Leben zu bleiben versprachen – jedenfalls ein Schuljahr lang.

Als sie in eine Klasse geriet, deren Lehrerin ihre überdurchschnittlichen Leistungen nicht belohnte, wurde sie verzagt und deprimiert. Elizabeth schwenkte ins andere Extrem um. Aus ihrem besonders guten Benehmen wurde besonders schlechtes. Sie mußte sich einfach aus der Menge hervorheben – egal wie. Sie hatte Angst, daß sie als eins unter vielen Kindern einfach verschwinden könnte – wie ihr Vater.

Alle Erlöser sind, wie Elizabeth, einst Kinder gewesen, die auf Erwachsene angewiesen waren zur Erfüllung ihrer körperlichen und emotionalen Bedürfnisse. Da die meisten Erlöser mit der Vorstellung aufgewachsen sind, es gäbe Belohnungen, wenn man brav, und Strafen, wenn man ungezogen ist, schien die Sicherung ihres Überlebens gleichbedeutend damit, es den Erwachsenen recht zu machen. Wenn sie in Gefahr geraten oder emotional vernachlässigt sind oder mißbraucht werden, neigen Erlöser-Kinder zu der Annahme, sie würden dafür bestraft, weil sie »böse« waren. Ihre Bemühungen richten sich dann darauf, brav zu sein, was bedeutet, den Wünschen der Erwachsenen gerecht zu werden.

Erlöser-Kinder wachsen gewöhnlich mit dem Leitsatz auf, daß gute Menschen immer nur gute Dinge sagen und tun. Gute Menschen sagen nie etwas Gemeines. Sie denken es nicht einmal. Gute Menschen werden nie ärgerlich und sind immer fröhlich, besonders in harten Zeiten. Vor allem denken gute Menschen immer an andere und sind überhaupt nie selbstsüchtig. Erlöser-Kinder hören oft Sprüche wie: »Sag sowas nicht. Das ist nicht nett. Brave Kinder sagen so etwas nicht.« Diese abgedroschene Phrase wird gern benutzt, wenn Kinder etwas sagen, was die Erwachsenen beunruhigt oder ihnen Unanehmlichkeiten bringt. Die Erlöser lernen daraus, daß gewisse Gefühle nicht annehmbar sind. Erlöser-Kinder sollen bestimmte Gefühle nicht nur nicht ausdrücken, *sie sollen sie nicht einmal fühlen*. Folglich lernen viele Erlöser, ihre Gefühle abzuschneiden, und als Erwachsene sind sie dann unfähig, bestimmte innere Teile von sich selbst zu fühlen.

2. Der Erlöser läßt andere seine Handlungen bestimmen

Im Büro bestand Elizabeth auf der Politik der offenen Tür. Wenn ein Schüler oder Lehrer sie brauchte, hatte sie immer Zeit, auch wenn das bedeutete, daß sie an den Samstagen arbeiten mußte, um ihre eigenen Sachen termingerecht fertig zu bekommen.

Da der Erlöser für sein Wohlbefinden die Reaktionen der anderen braucht, läßt er seine Handlungen oft von anderen bestimmen. Die Erlöser brauchen die Bestätigung der anderen, um ihre Besonderheit zu spüren. Daher werden sie sich so verhalten, wie es andere vorgeben. Es ist sehr wichtig zu erkennen, daß man als Gefangener der Erlöser-Falle die Kontrolle über das eigene Leben und das eigene Wohlergehen aufgibt.

Da Erlöser so sehr damit beschäftigt sind, es anderen rechtmachen zu wollen, pflegen sie selten ihre persönlichen Interessen. Was würdest du gern tun, wenn du nicht in der Falle säßest, dich um andere kümmern zu müssen? Weißt du das *wirklich*? Die meisten Erlöser haben keine Ahnung. Auf der verzweifelten Suche nach Selbstachtung hören sie meist nicht auf sich selbst, sondern auf andere. Erlöser engagieren sich für Aktivitäten, die ihnen positive Rückmeldungen von anderen versprechen. Vernachlässigt werden dagegen solche Aktivitäten, für die es vielleicht keinen Beifall von anderen gibt, die aber möglicherweise den Wünschen und Bedürfnissen des Erlösers entsprechen. Dazu gehören der Aufbau von Beziehungen unter Gleichgestellten, die Sorge ums persönliche Wohlergehen und genügend Zeit, sich dem sprituellen Bereich zu widmen.

3. Erlöser müssen immer brillieren

Elizabeth hielt ihren Schreibtisch immer frei von Papieren und Unordnung. Sie hat nie einen Termin verpaßt und kam stets gut vorbereitet zu den Besprechungen.

Aus dem Versuch heraus, sich ein Selbstwertgefühl zu verdienen, neigen Erlöser dazu, zu brillieren und mehr zu leisten, als verlangt wird. Elizabeth war nur zufrieden, wenn sie in der Schule »erfolgreich« war. Aber wie hat Elizabeth Erfolg definiert? Sie brauchte ein Zeugnis mit lauter glatten Einsen, um sich annehmbar zu fühlen. Das ist sehr wichtig. Zwar brauchen nicht alle Erlöser glatte Einser, aber die meisten sind auf irgendeinem bestimmten Gebiet Perfektionisten.

Um *annehmbar* für andere zu sein, verschreiben sich viele Erlöser auf Gedeih und Verderb dem Ziel, anderen *unersetzlich* zu sein. Um den Status des Besonderen zu erlangen, versucht der Erlöser, schneller zu rennen, höher zu springen und schneller vorwärtszukommen als andere. Als Reaktion auf diese Hingabe an herausragende Leistungen heißt es dann von den Erlösern, sie seien »Superstars«, »ungewöhnlich begabt« oder »in ihren Leistungen ihrem Alter weit voraus«. Wenn der Erlöser nicht *mehr* leistet als seine Altersgenossen, sondern soviel wie seinem Alter und seiner natürlichen Entwicklung entspricht, fühlt er sich oft wie ein Versager. Erlöser müssen *besser* sein, um sich überhaupt *wertvoll* fühlen zu können.

4. Der Erlöser wird davon angezogen, anderen mit einem ähnlichen Schmerz zu helfen

Elizabeth hat ein Sonderprogramm für die hochbegabten Kinder an ihrer Schule entwickelt. Sie arbeitet mit viel Fleiß daran, Stipendien für Kinder aus Familien mit niedrigem Einkommen oder nur einem Elternteil aufzutreiben.

Statt sich direkt mit ihren Bedürfnissen und Schmerzen auseinanderzusetzen, begann Elizabeth die Bedürfnisse anderer zu erfüllen und sich dem Schmerz im Leben anderer Menschen zu widmen.

Erlöser fühlen sich, wie Elizabeth, ganz natürlich und unbewußt zu Menschen hingezogen, die unter dem gleichen Kindheitsschmerz leiden. Elizabeth hat ihre Erwachsenenjahre dazu benutzt, sich um junge Leute zu kümmern, die sie an sie selbst als Kind erinnerten. Sie fühlte sich deswegen zu anderen hingezogen und zu helfen getrieben, weil sie selbst so dringend Hilfe brauchte.

Halte einen Moment inne und denke an die Menschen, denen du in letzter Zeit geholfen hast. Hilfst du jedem, der dir über den Weg läuft? Vermutlich nicht. Wahrscheinlich hilfst du einer ganz bestimmten Sorte von Menschen. Unter meinen Freunden und Klienten sprechen einige besonders auf die Bedürfnisse älterer Menschen an, andere auf die von bestimmten Familienmitgliedern oder die von Obdachlosen. Ich habe in meinem Herzen einen weichen Fleck für Kinder. Es ist gar nicht unüblich, daß Kinder, die Opfer von sexuellen Übergriffen wurden, später Therapeuten werden, die sich darauf spezialisieren, die Opfer solcher Belästigungen zu behandeln, daß Kinder von Alkoholikern später Bücher über Alkoholismus schreiben oder daß aus Scheidungskindern Anwälte für Familienrecht werden. Wenn man in der Erlöser-Falle gefangen ist, ist man vielleicht getrieben, anderen zu helfen, weil man sich selbst so elendiglich vernachlässigt.

5. Der Erlöser hat Schwierigkeiten, intime Beziehungen und solche zu Gleichgestellten aufzubauen

Elizabeth lernte bei einer Konferenz eine andere unverheiratete Schulleiterin Ende Zwanzig kennen. In der darauffolgenden Woche wollte Elizabeth sie mehrmals anrufen, um einen gemeinsamen Einkaufsbummel vorzuschlagen. Aber jedes Mal legte sie den Hörer wieder auf die Gabel, bevor die andere Frau ans Telefon ging. Sie überzeugte sich selbst davon, daß es wegen ihres eigenen, niedrigeren Einkommens keinen Spaß machen würde, durch die wirklich guten Läden zu streifen.

Ein innerlich ausgewogener Mensch wird sich gelassen in drei verschiedenen Stellungen bewegen können. Es gibt Zeiten, in denen er führen wird (Vorgesetzter für Untergebene), Zeiten, in denen er folgen wird (Untergebener für Vorgesetzte), und Zeiten, in denen er neben jemandem sein wird (gleich und gleich). Die Fähigkeit des Erlösers, mit jemand anderem in Beziehung zu treten, ist jedoch begrenzt. In den meisten Erlösern ist tief drinnen ein Kind verborgen, das sich machtlos fühlt, sich selbst zu schützen. Dieses erschreckende Gefühl wird dadurch verschleiert, daß man sich der Rolle bemächtigt, die am meisten Macht verspricht – der des Helfers (Vorgesetzter für Untergebene).

Wenn wir jemandem helfen, sind wir in der Rolle des Überlegenen, während derjenige, dem wir helfen, in der Rolle des Unterlegenen ist. Der Helfer hat mehr Macht und Prestige, und er wird oft als »Experte« betrachtet. Der Mensch, der Hilfe bekommt, wird dagegen als bedürftig und vom Helfenden abhängig angesehen. Obwohl viele Erlöser von sich behaupten, sie »dienten« anderen, spielen sie doch oft die Rolle, die mit der größten Macht versehen ist.

Die machtvolle Rolle des Helfers zu spielen mag dem Erlöser gar nicht so wichtig erscheinen – jedenfalls nicht, bis sie ihm entzogen wird. Dann wird offensichtlich, wie sehr er diese Macht braucht. Denke einen Moment über dich selbst nach. Wie gut kannst du Unterstützung von anderen annehmen? Wie oft bittest du um Hilfe? Ich habe schon viele Menschen beobachtet, die in der Erlöser-Falle gefangen, bedürftig, voller Schmerz und überwältigt waren, die aber offenbar keine Hilfe annehmen konnten. Die meisten Erlöser haben große Probleme damit, etwas geschenkt zu bekommen, jemanden ein Fest zu ihren Ehren ausrichten zu lassen oder einen Freund anzurufen, wenn ihr Auto auf der Landstraße zusammenbricht. Es macht Erlösern nichts aus, andere Menschen irgendwo hinzufahren oder Lebensmittel bei Leuten abzugeben, die ans Haus gebunden sind, aber sie winden sich frustriert und sogar gedemütigt, wenn sie selber eine Mitfahrgelegenheit brauchen oder einen Freund bitten müssen, ihnen etwas Essen vorbeizubringen, weil sie krank sind.

Die Rolle des Untergebenen können Erlöser gelegentlich akzeptieren, aber nur in klar definierten Situationen. Dazu gehören eher formale Beziehungen, wie die des Angestellten zum Arbeitgeber oder die des Gemeindemitglieds zum Pfarrer. Elizabeth machte es nichts aus, die Rolle des Schülers zu übernehmen. Am meisten Schwierigkeiten bereitete es ihr, von gleich zu gleich zu verkehren. Bei vielen Erlösern mag man den Eindruck bekommen, sie verfüg-

ten über Beziehungen auf gleicher Ebene. Nicht alle sind so isoliert wie Elizabeth. Manche sind recht gesellig und haben einen großen Kreis von »Freunden«. Aber bei näherer Betrachtung zeigt sich, daß der Erlöser Schwierigkeiten hat, mit diesen sogenannten Gleichen wirklich auf einer Ebene zu stehen. Statt mit ihnen Beziehungen aufzubauen, in denen zum Ausdruck kommt, daß sie tatsächlich gleichwertig sind, benutzt der Erlöser diese Freunde gern als Fixpunkte für Konkurrenzverhalten und als Standard, an dem er sein Gefühl für Besonderheit messen kann. Das Schulkind Elizabeth hatte den Eindruck, sie sei wichtig, als sie zur Leiterin der Lesegruppe bestimmt wurde. Es war ihr gelungen, einen besonderen Status zu erringen: die Helferrolle. Damit schuf sie – unwissentlich – eine Trennung zwischen sich und ihresgleichen. In ihrem Erfolg opferte Elizabeth eine wichtige Gelegenheit, Freundschaft mit ihren Klassenkameradinnen zu schließen. Statt dessen identifizierte sie sich mit der Lehrerin und schlüpfte in eine Pseudoerwachsenen-Rolle.
Nach meinen Beobachtungen vermeiden Erlöser tunlichst Situationen, in denen von ihnen erwartet wird, ein Teil der Gruppe zu sein. Sie umgehen Treffen und Beziehungen unter Gleichgestellten mit der berühmten Ausrede des Erlösers: »Ich würde wirklich gern kommen, aber ich habe einfach zu viel zu tun.« Wenn sie der Situation gar nicht ausweichen können, versuchen die Erlöser womöglich Führungsrollen zu übernehmen, (als Helfen verkleidet): »Klar komme ich. Wie kann ich dir helfen? Soll ich mich um den Transport kümmern (ein Video mitbringen, die Erfrischungen besorgen, früher kommen und dekorieren)?«
Sollte es dem Erlöser nicht gelungen sein, der Situation auszuweichen oder sich durch Helfen Kontrolle zu verschaffen, bemüht er sich meistens, das Gespräch auf unpersönliche Themen zu lenken. »Hast du das neue Buch von dem-und-dem gelesen?« – »Was sagst du dazu, wieviel Gewalt heute im Fernsehen gezeigt wird?« – »Was meinst du, wie sollten wir uns der Frage des Welthungers annehmen?« Falls persönliche Fragen besprochen werden, kann man mit Sicherheit davon ausgehen, daß es sich dabei um die Probleme von jemandem anderen handelt, deren Lösung sich der Erlöser nur allzu gern zu widmen bereit ist.
Die meisten Erlöser können schlecht mit Beziehungen auf gleicher Ebene umgehen, und sie geben selten persönliche und schon gar

keine problematischen Informationen preis. Erlöser waren als Kinder nicht in der Lage, die Fertigkeiten zu erwerben, die man braucht, um Beziehungen zwischen gleich und gleich zu entwickeln, und die die Grundlage für intime Beziehungen zwischen Erwachsenen bilden. Dieser Möglichkeit beraubt, haben Erlöser unweigerlich Schwierigkeiten mit intimen Beziehungen unter Erwachsenen. Wie Elizabeth zahlen sie einen hohen Preis für ihre Besonderheit, indem sie nämlich schließlich von der Gruppe getrennt sind und es ihnen an grundlegenden Beziehungsfertigkeiten mangelt.

6. Der Erlöser ist in einem Kreislauf von Vereinsamung gefangen

> Auf der gleichen Konferenz verbrachte Elizabeth die Mittagspause damit, sich an den Bücherständen umzusehen. Sie hoffte, daß niemand merken würde, daß sie allein war, aber die Vorstellung, sich an den eigens für Neulinge reservierten Tisch zu setzen, konnte sie nicht ertragen. Sie verdrückte sich und aß allein in einem Imbiß um die Ecke.

Erlöser erfahren häufig ein tiefes Gefühl von Isolation. Wenn sie mit anderen Menschen zusammen sind, kommen sie sich oft unerträglich einsam vor. Das liegt zum Teil daran, daß *der Erlöser nicht Teil einer Gruppe sein und zugleich sein Gefühl von Besonderheit wahren kann.* Die Leere und der Schmerz in ihrem Inneren trieben Elizabeth dazu, als etwas Besseres gesehen werden zu wollen. Aber es stellte sich heraus, daß besser nur »anders« hieß. Als sie dann das Gefühl hatte, anders zu sein, kam sie sich auch merkwürdig vor, und das unterstützte wieder ihre Minderwertigkeitsgefühle.

Elizabeth war in dem Erlöser-Kreislauf gefangen: angetrieben durch Gefühle von Wertlosigkeit wollte sie etwas Besonderes sein. Sie versuchte, dadurch besonders zu sein, daß sie anders war, aber anders zu sein gab ihr wiederum das Gefühl, isoliert und merkwürdig zu sein. Das verstärkte ihre Gefühle von Wertlosigkeit, was sie wieder dazu trieb, ihre Besonderheit zu beweisen – und immer weiter so im Kreise.

Am Ende ihrer Schulzeit war Elizabeth allein in einem Raum mit ihresgleichen. Ihre einzige menschliche Verbindung war die zu ihrem Lehrer, der Mitleid mit ihr hatte. Die Botschaft, die er in ihr Jahrbuch schrieb, faßte die Lüge zusammen, die man sie so gut gelehrt hatte – daß sie nämlich ihre Träume »erreichen« könne, wenn sie »ungewöhnlich« gut wäre. In Wahrheit sieht es so aus, daß Elizabeth solange nicht die Ganzheit des Lebens wird erfahren können, wie sie ein Gefühl von Wert dadurch zu *erringen* versucht, daß sie andere beglückt und sich von Gleichgestellten isoliert.

7. Der Erlöser fühlt sich zu endlosen Aktivitäten getrieben

> Elizabeth arbeitete jeden Samstag. Bald rief niemand mehr an, um sich mit ihr zu verabreden, da die Antwort gleichbleibend lautete: »Ich habe zu viel zu tun.«

Das Leben eines Erlösers ist voller Verstellungen – er tut so, als ob er als Kind nicht verletzt worden sei, er gibt vor, sich nicht wert- und machtlos zu fühlen. Die Täuschung wird dadurch aufrechterhalten, daß er Dinge tut, die andere Menschen als wertvoll erachten, und in in der Hoffnung in machtvolle Rollen schlüpft, daß niemand merken wird, wieviel Schmerz in ihm steckt.

Da er durch äußere Leistungen ein Gefühl von Wert herzustellen versucht, kann der Erlöser nicht zur Ruhe kommen. Er wird süchtig danach zu helfen. Erreichte Erfolge werden nicht verinnerlicht, so daß er ihnen auch nicht vertrauen kann. Unabhängig davon, wie erfolgreich er studiert hat, welche Position er als Fachmann erreicht hat und wieviel edle Opfer er gebracht hat – der Erlöser *fühlt* sich immer noch wertlos. Die Selbstachtung, die aus diesen positiven Erfahrungen erwächst, ist meist kurzlebig, falls er sie überhaupt genießen kann. Folglich muß der Erlöser immer neue Leistungen erbringen.

In Zeiten geringer Aktivität sind die Erlöser meist einer Vielzahl unangenehmer Gefühle wie Schuld, Depressionen und / oder Angst ausgesetzt. Sie fühlen sich oft schuldig, wenn sie nicht gerade jemandem in Not helfen oder etwas Meßbares leisten.

Mit der Furcht, als selbstsüchtig oder wertlos zu gelten, schleicht sich die Angst ein. Der Erlöser ist manchmal deprimiert, ohne zu wissen warum. Als junge Schülerin verzweifelte Elizabeth daran, daß sie still auf ihrem Platz sitzenbleiben und warten sollte. Warten ist für die meisten Erlöser eine besondere Form der Qual. Das innere Minderwertigkeitsgefühl erzeugt eine Ruhelosigkeit, die den Erlöser auf eine endlose Suche nach Aktivität schickt. Also hilft und hilft und hilft er.

Willst du wissen, wie sehr du in der Erlöser-Falle steckst? Beantworte dir selbst die folgenden Fragen: Wie hast du dich gefühlt, als dich zuletzt jemand deswegen geneckt hat, weil du etwas gemütlich hast angehen lassen oder gefaulenzt hast? Hast du dich mit einer Aufzählung dessen verteidigt, was du an dem Tag schon alles geleistet hattest? Fühlst du dich schuldig, wenn du einen freien Abend für dich selbst verwendest? Oder findest du dann etwas »Nützliches« zu tun – etwas, was für jemand anderen nützlich ist? Findest du es notwendig, dich zu rechtfertigen, wenn du Urlaub machen willst? Oder machst du nie Urlaub, weil du einfach keine Zeit dazu hast? Um überhaupt das Gefühl zu bekommen, etwas mit Plus-minus-Null abgeschlossen zu haben, müssen Erlöser schon ganz hervorragend gewesen sein. Daher werden sie ziemlich erregt, wenn ihnen jemand vorhält, sie »nähmen es leicht« oder sie »faulenzten«. Erlöser zeigen Überreaktionen auf solche Begriffe, weil sie sie mit »wertlos« und »unannehmbar« übersetzen. Für einen anderen Menschen mögen diese Worte nur dafür stehen, daß man gerade das Glück hat, etwas Freizeit zu genießen. Aber nicht für den Erlöser, der darum kämpft, seine schiere Existenz zu rechtfertigen.

8. Der Erlöser hört auf, wenn er umfällt

> Elizabeths Arbeitswoche hatte nahezu sechzig Stunden. An zwei Abenden in der Woche traf sie sich mit einem Ausschuß des örtlichen College. Sonntags koordinierte sie in der Kirche das Programm der Sonntagsschule.

Erlöser bürden sich unweigerlich viel mehr auf, als irgend jemand leisten kann. Ich habe schon von so vielen Erlösern die Beschwerde gehört, der Tag habe einfach nicht genug Stunden, was nur heißt, daß sie sich mehr aufgeladen haben, als sie bewältigen können. Erlöser versuchen dauernd verzweifelt, ihre menschlichen Begrenzungen zu durchbrechen. Es würde ihnen unglaublich gut gefallen, Götter mit unbegrenzten Möglichkeiten zu sein. Warum? Weil sie dann vielleicht so viel leisten könnten, daß sie Seelenruhe, ein Selbstwertgefühl und das Recht, geliebt zu werden, verdienen würden.

Die meisten Erlöser nehmen solange an diesem Rennen um ein schwer faßbares Gefühl des Wohlbefindens teil, bis sie umfallen. Ich habe Erlöser schon vor Erschöpfung zusammenbrechen, entkräftende Krankheiten entwickeln und in Depressionen untergehen sehen. Es gibt Erlöser, die lieber zugelassen haben, daß ihre Ehen auseinanderfielen, ihre Karrieren aus dem Gleis gerieten und ihre Kinder emotional vernachlässigt wurden, als das Rennen aufzugeben. Sich aus dem Rennen zurückzuziehen wird gewöhnlich als Niederlage betrachtet, und bevor er sich eine »Niederlage« erlaubt, wird ein Erlöser eher zusehen, wie sein eigenes Leben zerbröckelt, und das dann als *edel* bezeichnen.

Einige Erlöser, unglückseligerweise sind es nur sehr wenige, beginnen sich zu fragen, warum sie überhaupt rennen. Elizabeth war zur Therapie gekommen, weil sie dieses Rennens müde geworden war. Sie ahnte die Wahrheit: Dieses Erlöserrennen *ist* nicht zu gewinnen, einfach deswegen nicht, weil es eine Falle ist. Anders als versprochen hatten überdurchscnittliche Leistungen Elizabeth nicht glücklich gemacht. Anderen dabei zu helfen, sich mit sich selbst wohler zu fühlen, hatte den Hunger in ihr nicht gestillt, und nun wollte sie wissen, warum. Obwohl Elizabeth das damals nicht erkennen konnte, wagte sie gerade den ersten Schritt auf einer neuen und aufregenden Reise. Sie hatte keine Lust mehr, sich und anderen etwas vorzumachen, und sie war dabei, Kraft zu sammeln, um sich endlich dem Schmerz ihrer Kindheit zu stellen.

5 Welcher Typ von Erlöser bist du?

Das Erlöser-Quiz

1. Verbringst du deine Zeit bei geselligen Zusammenkünften damit, dich darum zu kümmern, daß sich alle gut amüsieren? Bist du ein Beglücker?
2. Ist dein freier Abend zu Hause wieder durch den Anruf eines Freundes unterbrochen worden, der in einer Krise steckte? Hast du alles stehen und liegen lassen und bist hingesaust? Bist du ein Retter?
3. Hast du eingewilligt, einem Freund an deinem einzigen freien Samstag in diesem Monat beim Umzug zu helfen? Bist du ein Schenker?
4. Warst du gestern nacht wieder lang auf, um jemandem zuzuhören, der mit seinen Problemen ringt? Bist du dann heute früh mit dem Gedanken aufgewacht, daß du niemanden kennst, dem du von deinen eigenen erzählen könntest? Bist du ein Berater?
5. Hast du versucht, ein paar Freunden dabei zu helfen, ihre Unstimmigkeiten auf die Reihe zu bringen, und dich dabei so in die Zwickmühle gebracht, daß sich schließlich beide gegen dich gewendet haben? Bist du ein Beschützer?
6. Bist du von der Zahl der Gruppen, die du leitest, den Darbietungen, die du gibst, und den Studien und Vorbereitungen, die zu leisten sind, überwältigt? Bist du ein Lehrer?
7. Fühlst du dich so getrieben, für ein wertvolles Anliegen zu kämpfen, daß du dich wegen all der Komiteesitzungen, der Informationsschreiben und Finanzierungsfragen vor Erschöpfung kaum noch auf den Beinen halten kannst? Bist du ein Kreuzritter?

Jeder kann in die Erlöser-Falle stolpern. Hier herrscht wirkliche Gleichberechtigung. Zu ihren Opfern zählen Männer wie Frauen, Reiche wie Arme, Starke wie Schwache.
Während alle Erlöser in gewissem Umfang an die Lügen der Erlöser-Falle glauben, lebt jeder diese Lügen anders aus. Es gibt wahrscheinlich so viele verschiedene Arten von Erlösern, wie es Erlöser gibt. Ich habe mindestens sieben verschiedene Erlöser- Typen identifiziert:

1. Der Beglücker
2. Der Retter
3. Der Schenker
4. Der Berater
5. Der Beschützer
6. Der Lehrer
7. Der Kreuzritter

Ein Erlöser kann Merkmale eines einzigen Typs aufweisen, aber auch mehrerer oder gar aller. Die folgenden Beschreibungen können dir helfen, besser zu erkennen, welche davon auf dich zutreffen.

Der Beglücker

Bei einer unserer ersten Sitzungen bat ich Elizabeth, mir ihre Arbeitswoche zu beschreiben. Die Energie schien förmlich aus ihr herauszufließen, ihre Schultern sackten herab, und über ihr Gesicht zog ein Schatten. »Es gibt immer mehr zu tun, als Zeit da ist. Diese Woche geht es um eine neue Finanzierungskampagne für die Schule. Ich konnte einfach nicht ablehnen. Es ist schließlich eine so wichtige Sache, und kein anderer im Kollegium hatte die nötige Erfahrung. Außerdem arbeiten alle anderen bereits an zwei oder drei anderen Komitees mit. Und da habe ich eben gedacht: Irgend jemand muß es ja machen.«
Elizabeth schlug den mehrfach unterteilten, farbigen Terminplaner auf ihrem Schoß auf, um mir zu zeigen, wie ihre Woche aussah. »Schau dir das an!« Sie stöhnte verzweifelt. »Jede Viertelstunde in dieser Woche ist verplant. Es ist völlig ausgeschlossen, daß ich

all das schaffen werde, was ich versprochen habe.« Sie hielt inne und sah einen Moment lang unzufrieden auf ihre Füße. Als sie wieder zu mir aufblickte, waren ihre Augen voll tiefer Traurigkeit. »Ich hasse es, diese Leute zu enttäuschen. Es bringt mich einfach um!«

»Wie hast du dich in letzter Zeit um dich selbst gekümmert?« fragte ich. Elizabeth klappte ihren Planer zu und schob ihn beiseite. »Mich um mich selbst gekümmert? Das soll wohl ein Witz sein. Woher soll ich denn die Zeit nehmen? Ich habe auf dem Weg von einer Sitzung zur nächsten an irgendwelchen Schnellrestaurants gehalten. Schlafen? Ich glaube, ich habe schon vergessen, wie man das macht! Meine Mutter hat neulich abend angerufen und auf den Anrufbeantworter gesprochen, sie hätte gern einen Termin bei mir. Kannst du dir das vorstellen? Einen Termin! Ich habe mich dermaßen schuldig gefühlt.«

Die kompetente Frau, die Elizabeth der Welt gerne vorführen wollte, schien sich in den Kissen sanft aufzulösen. »Ich bin so müde. Ich weiß nicht, wie lange ich noch so weitermachen kann. Irgendwie will es mir nicht gelingen, alle zugleich glücklich zu machen.«

Im Raum herrschte Schweigen. »Bist *du* glücklich?« fragte ich. Ihre müden Augen füllten sich mit Tränen. »Nein, ich bin nicht glücklich, ich fühle mich ganz elend.«

Beglücker wie Elizabeth versuchen andere Menschen glücklich zu machen. Es sind meist sehr gewissenhafte und fürsorgliche Leute. Da sie besonders feinfühlig sind, können Beglücker oft die Gefühle anderer Menschen mit geradezu beunruhigender Genauigkeit lesen. Für diese Erlöser ist es typisch, daß sie alles Mögliche in Kauf nehmen, damit sich andere wohlfühlen, und eine Menge Energie investieren, um anderen »kleine Gefallen« zu tun.

Bei dem Wunsch, offen für die Bedürfnisse anderer zu sein und auf sie einzugehen, handelt es sich um eine wertvolle Eigenschaft, ohne die aus unseren Beziehungen nicht Orte von Schutz und Stärkung, sondern Schlachtfelder werden würden. Wollen wir hoffen, daß in jedem von uns ein kleiner Beglücker steckt. Handelt es sich bei dem Beglücker jedoch um einen Erlöser, haben wir einen Menschen, der zunächst zwar andere beglücken will, diesen Wunsch dann aber in eine Verpflichtung umwandelt. Beglücker haben das Gefühl, sie seien für das Glück anderer Menschen *verantwortlich.* Und wenn

andere nicht glücklich sind, plagen den Beglücker Gefühle von Schuld und Versagen.
Da Beglücker die unrealistische Verantwortung für das Wohlergehen anderer auf sich nehmen, werden sie fast immer einwilligen, zu tun, worum man sie bittet, ob sie nun Zeit dafür haben oder nicht. Und da Beglücker immer »ja« sagen, kommen bald immer mehr Menschen mit ihren Anliegen zu ihnen. Beglücker werden gebeten, doch bei dem einen Komitee noch mitzumachen, noch eine Sportmannschaft zu trainieren, die besonders schwierige Klasse in der Sonntagsschule zu übernehmen oder schnell noch vor Ladenschluß in der Reinigung vorbeizufahren und den grauen Anzug abzuholen. Es ist der Beglücker in uns, der uns dazu bringt, uns eher auf die Zunge zu beißen als zu sagen: »Nein, es ist wirklich eine Zumutung, daß dieser Bericht morgen fertig sein soll.« Beglücker leiden lieber selber als jemand anderen zu enttäuschen.
Einige Beglücker übernehmen sich schlicht mit der Vielfalt ihrer Verpflichtungen, andere stecken zu viel von sich in einen Menschen, eine Situation oder ein Projekt. Eine Pfarrersfrau investiert beispielsweise zuviel von sich in die Kirchenarbeit und vernachlässigt darüber ihre Familie und ihr persönliches Wachstum. Ein Therapeut widmet sich vielleicht einem besonders bedürftigen oder begabten Klienten zu sehr und kümmert sich zu wenig um den Rest seiner Praxis. Kinder lassen sich in die Beziehungsprobleme der Eltern hineinziehen und wenden so Zeit und Energie auf, um in einer unzulänglichen Ehe auszuhelfen. Dieses übermäßige Engagement beraubt das Kind schließlich der Gelegenheit, auf die es einen berechtigten Anspruch hat, nämlich sich seinen eigenen persönlichen Beziehungen zu widmen. Beglücker, die zu viel in das Leben anderer stecken, werden zuweilen von dem Ausmaß der Probleme überwältigt, sind aber dennoch in ihrem Verantwortungsgefühl gefangen.
Ich habe zwei Arten von Beglückern ausmachen können: den organisierenden und den spontanen Beglücker. Elizabeth ist ein perfektes Beispiel für die erste Kategorie. Organisierende Beglücker tun genau das – sie organisieren Menschen, Ereignisse, und Situationen, um anderen einen Gefallen zu tun. Andere Beispiele für organisierende Beglücker sind etwa Gruppenleiter, die ein Ferienprogramm in der freien Natur für Jugendliche aus der Großstadt aufziehen,

Ausschußmitglieder, die den Sozialverbänden helfen, oder Hochzeitsausrichter, die sich um alles kümmern, angefangen von den Einsteckblumen für die Brautführer bis zu den Putzleuten nach dem Empfang.

Organisierende Beglücker organisieren nicht nur andere, sondern auch sich selbst. Beglücker sagen »ja« in der vollen Absicht, das wirklich durchzuziehen, aber sie haben bald zu viele Aufgaben zu bewältigen und zu viele Menschen am Hals, die Unterstützung erwarten. Als Reaktion auf diese unrealistische Last versuchen die meisten Beglücker, noch schneller zu laufen, weniger zu schlafen und mehr zu tun. Organisierende Beglücker antworten auf diese riesige Arbeitsbelastung damit, daß sie versuchen, sich noch besser zu organisieren. Wie Elizabeth schaffen sie sich oft besondere Terminplaner mit farbigen Unterteilungen an, um ihr Leben stromlinienförmiger und reibungslos ausrichten und mehr bewältigen zu können. Die Mahlzeiten verlegen sie in Schnellrestaurants und die Gebets- oder Meditationszeit planen sie für die Zeit, die sie auf dem Weg zur nächsten Sitzung, im Stau, Stoßstange an Stoßstange auf der Stadtumgehung, verbringen.

Während organisierende Beglücker alles gut gegliedert haben und ihre Pläne Monate im voraus machen, vereinfachen die spontanen Beglücker dieses Problem, indem sie versuchen, immer gerade demjenigen einen Gefallen zu tun, mit dem sie jeweils zusammen sind. Spontane Beglücker scheinen das Leben immer so zu nehmen, wie es kommt, und die Menschen anzunehmen, die das Leben ihnen in den Weg treibt. Das soll nicht heißen, daß die spontanen Beglücker die Aufgabe, andere glücklich zu machen, weniger ernst nehmen würden als die organisierenden Beglücker. Andere glücklich zu machen ist für alle Beglücker eine sehr ernste Angelegenheit. Spontane Beglücker haben einfach einen anderen Stil. Für sie zählt immer der gegenwärtige Moment, und der Mensch, der jetzt gerade ein Bedürfnis äußert, ist wichtiger als alle vorherigen Verpflichtungen.

Da spontane Beglücker dazu neigen, zu jedem »ja« zu sagen, der ihnen über den Weg läuft, widersprechen die neuen Vereinbarungen oft den schon getroffenen. Die Vielzahl der Abmachungen kann zu extrem komplexen und chaotischen Situationen führen. Das kann besonders schlimm sein, wenn der spontane Beglücker Leiter einer

Gruppe oder Organisation ist, da er keine Bitte abschlagen wird. Das mag dann den Eindruck erwecken, daß der spontane Beglücker lügt, aber so ist es nicht. Das Bedürfnis zu beglücken ist so groß, daß der spontane Beglücker sich gezwungen sieht, jedem zu helfen. Und es bereitet ihm große Pein, wenn er gezwungen ist, eine Entscheidung zu treffen, die das eine oder andere Ansinnen ablehnt.

Alle Beglücker, ob nun organisierende oder spontane, haben Schwierigkeiten, persönliche Gefühle auszudrücken, wenn diese bei anderen unbeliebt oder für andere möglicherweise unangenehm sein könnten. Beglücker schlucken eher ihren Ärger hinunter, verstecken eher ihre Erschöpfung und verbergen eher ihre Depression, als daß sie jemanden enttäuschen würden. Ich habe Beglücker beobachtet, die lieber ihre Migräneanfälle aushielten, als ihre Wut zu zeigen, lieber mit dauernden Rückfällen nach Virusinfektionen kämpften, als sich krank zu melden, und eher Magengeschwüre entwickelten, als Verantwortung zu delegieren.

Wie Elizabeth beginnen Beglücker mit dem Wunsch, jemanden glücklich zu machen. Aber bald werden sie süchtig danach im Versuch, das Unmögliche anzustreben – die Verantwortung für das Glück anderer Menschen zu übernehmen (1. Seite: »Wenn ich es nicht tue, wird es nicht getan«). Der Beglücker sagt »ja«, wenn er eigentlich »nein« sagen will und hat dadurch schließlich viel zu viele Aufgaben und große innere Schmerzen (2. Seite: »Die Bedürfnisse aller anderen haben Vorrang vor meinen eigenen«). Beglücker tanzen nach der Melodie eines anderen, und ihre Füße stolpern über die Frustrationen und die Verleugnung ihrer wahren Gefühle.

Der Retter

»Auf mich ist einfach jeder wütend«, sagte Daniel verzweifelt und warf sich in seinem, schlaksigen Körper auf das Sofa. Obwohl er seine Krawatte, die ihm über eine Schulter geflogen war, zurechtzog und die Knitterfalten in seinen maßgeschneiderten Hosen glattzustreichen versuchte, wollte es ihm nicht gelingen, einen Eindruck von innerem Gleichgewicht zu erwecken. »Ich gehe jede Wette ein, daß sogar du wütend auf mich bist!« Als ich ihn fragte, welchen

Grund ich denn hätte, wütend zu sein, richtete er seine blauen Augen auf mich. »Nun, ich bin doch schon wieder zu spät gekommen, oder?« verlangte er zu wissen. »Nur los. Sag mir ruhig, daß ich dich im Stich gelassen hätte. Das sagen alle anderen auch.«

»Hast du das Gefühl, in letzter Zeit Leute im Stich gelassen zu haben?« erkundigte ich mich.

»Ich habe versucht, es nicht zu tun. Niemand scheint zu würdigen, was ich alles tue. Zum Beispiel heute: Einige von den Männern im Büro spielen in einem Turnier mit. Sie beschwerten sich, daß sie das Spiel würden absagen müssen, weil einer der Spieler krank wäre. Ich sagte ihnen, daß ich gern nach der Arbeit einspringen würde, und sie waren begeistert.

Aber als ich gerade zum Spiel gehen wollte, rief eine meiner Mandantinnen an, eine junge Mutter, die ich im Sorgerechtsverfahren vertrete. Sie weinte hysterisch wegen eines Briefes ihres Ex-Mannes. Sie war wirklich sehr durcheinander. Ich sagte ihr, daß ich jetzt nicht reden könne, aber da fing sie an, ganz zusammenzubrechen. Also fuhr ich zu ihr rüber, um ihr zu helfen, das alles auf die Reihe zu bringen.

Als sie sich beruhigt hatte, und ich in die Turnhalle fahren konnte, war das Spiel schon abgesagt worden. Einige der Spieler kamen gerade heraus. Einer rief: ›Vielen Dank, Daniel. Wir sind wirklich froh, daß wir uns so auf dich verlassen können.‹ Als ich ihm die Sache zu erklären versuchte, machte er nur eine abfällige Handbewegung und sagte: ›Ich habe nie Probleme damit, mich um meine Mandanten zu kümmern *und* meine Versprechungen einzuhalten. Du bist ja dauernd dabei, jemanden zu retten, Daniel.‹ Der Mann neben ihm grummelte leise in seinen Bart: ›Schade, daß er nicht uns retten konnte statt einer Jungfrau in Not.‹ Sie lachten alle über mich und gingen.

Manchmal empfinde ich es *wirklich* so, als ob ich von einer Krise zur nächsten eilen würde.« Daniel stützte den Kopf in seine großen Hände. »Ich versuche nur zu helfen. Irgendwie schlägt das auf mich zurück. Ich verstehe es einfach nicht.«

So wie Beglücker Menschen anziehen, die eine Bitte haben, werden Retter von Menschen in Krisen heimgesucht. Retter lassen sich, wie Daniel, leicht zu stark auf ein oder zwei Menschen ein, die von einer Krise zur nächsten zu schlittern scheinen, von einer Verletzung zur

anderen. Retter neigen dazu, alles stehen und liegen zu lassen, um jemandem in Not zu helfen, auch wenn das ihnen selbst oder sogar anderen, die Hilfe brauchen, große persönliche Unannehmlichkeiten bereitet. Folglich betrachten die Zurückgebliebenen den Retter, der zur Rettung davoneilt, oft als unzuverlässig.
Retter setzen nicht nur ihren Ruf in puncto Zuverlässigkeit auf Spiel, sondern opfern auch ihre Privatsphäre und die Möglichkeit vorauszuplanen. Retter stehen »auf Abruf« für unerwartete Krisen bereit, und manche leben in dauernder Angst vor dem Schrillen des Telefons oder einem Klopfen an der Tür.
Wie alle Retter wurde Daniel zu einem Opfer der Erlöser-Falle, als er sich selbst als den einzigen sah, der helfen konnte (1. Seite: »Wenn ich es nicht tue, wird es nicht getan«). Und da es sich um eine »Krise« handelte, wurden alle anderen Bedürfnisse oder Verpflichtungen ignoriert (2. Seite: »Die Bedürfnisse aller anderen haben Vorrang vor meinen eigenen«). Als jemandem in einer Krise zu helfen für ihn nicht mehr die Ausnahme war, die durch eine der unvermeidlichen Tragödien im Leben notwendig werden kann, sondern zu einer Lebensform geworden war, war Daniel in der Falle gefangen und süchtig danach, anderen zu helfen. Retter machen aus dem Retten eine Lebensform.

Der Schenker

Ihre kleinen dunklen Locken wippten auf und nieder. Alicia vergoß lautlose Tränen in ihre kleinen Hände. Nach einigen Minuten hob sie ihr tränenüberströmtes Gesicht und begann, über ihre drei Kinder zu sprechen. »Es ist so schwierig, sie allein großzuziehen. Es scheint immer doppelt so viele Rechnungen und nur halb so viel Geld zu geben, wie ich brauche.« Sie griff nach einem Taschentuch, trocknete ihre großen braunen Augen und fuhr fort: »Es tut so weh, wenn die Kinder mich um etwas bitten, was alle ihre Freunde haben, und ich es einfach nicht bezahlen kann.«
Sie wedelte mit dem Taschentuch in der Luft herum, und ihr Gesicht verspannte sich vor Verzweiflung. »Und neben den Kindern gibt es noch so viele andere Verpflichtungen. Zum Beispiel meine Schwe-

ster. Tanya taucht immer vor dem Abendbrot auf und möchte dann mitessen. Versteh das bitte nicht falsch. Ich möchte schon, daß sie sich willkommen fühlt. Schließlich sind wir ja eine Familie. Aber ich weiß nicht, wie ich ihr sagen soll, daß ich es mir nicht leisten kann, sie immer mit durchzufüttern. Und um Geld kann ich sie einfach nicht bitten.

Was mir wirklich das Herz bricht, das sind diese verhungernden Kinder, die ich neulich abend im Fernsehen gesehen habe. Ich saß da und dachte: Wie kannst du klagen, Alicia? Schau dir an, was du alles hast! Eine Freundin hatte mir zum Geburtstag gerade einen Scheck geschickt. Ich sollte mir davon ein paar neue Kleider kaufen gehen. Es ist so lange her, daß ich für mich selbst einkaufen war.« Sie schaute ins Zimmer, als ob sie rückwärts in die Zeit blicken würde. »Das muß noch in dem Jahr gewesen sein, bevor Richard mich verließ.« Alicia drehte mir wieder ihr rundes Gesicht zu und fuhr mit ihrer Geschichte fort. »Aber ich hatte so viel Mitleid mit diesen Kindern, daß ich einen Scheck in der Höhe meines Geschenks ausgeschrieben und gleich in den Briefkasten gesteckt habe.« Sie hob ihre schmalen Schultern, auf denen die Last der ganzen Welt zu ruhen schien. »Wie sollte ich mich dabei wohlfühlen, ein neues Kleid zu kaufen, wenn diese Kinder sterben?« Sie sah mir direkt in die Augen. »Wie?«

Schenker wie Alicia sind meist großzügige Menschen, denen der Akt des Schenkens Freude bereitet. Ein Schenker ist überglücklich, wenn er jemandem ein Geschenk überreichen kann, wenn er beobachten kann, wie auf dem Gesicht des Beschenkten Freude aufzieht. Besonders aufregend ist es, wenn der Schenker etwas geben kann, was der Beschenkte sonst entbehren müßte.

Wenn Schenker von dem Mangel hören, den es in dieser Welt gibt, ist ihre Reaktion oft Schuldbewußtsein und ein Gefühl der persönlichen Verantwortung dafür, diese Bedürfnisse zu erfüllen (1. Seite: »Wenn ich es nicht tue, wird es nicht getan«). Viele von uns haben so viel Wohlstand genossen, daß es schon fast unmoralisch wäre, etwas für uns selbst zurückzuhalten (2. Seite: »Die Bedürfnisse aller anderen haben Vorrang vor meinen eigenen«). Schenker purzeln, wie Alicia, in die Erlöser-Falle, wenn die *Möglichkeit* zu geben als *Verpflichtung* gesehen wird. Wenn jemand keine andere Wahl hat als die, zu geben, dann gibt er nicht mehr, sondern er wird ausgenommen. Wenn jemand sich ausgenommen fühlt, wird aus der Freude Groll. Da Erlöser-Schenker süchtig danach sind zu geben und daher unfähig, ihrem Geben realistische Beschränkungen aufzuerlegen, herrscht die Tendenz, zu geben und zu geben und zu geben und erst dann aufzuhören, wenn nichts übrigbleibt als Schuldgefühle und Erschöpfung.

Der Berater

»Hat dir die Hochzeit deiner Schwester Spaß gemacht?« fragte ich zu Beginn der Sitzung. Diana wickelte ihre Strickjacke fester um ihre Schultern. »Ich weiß nicht, wie ich mir sowas immer anlache.« Sie verschränkte ihre Arme und versicherte mir: »Die Hochzeit selbst lief prima. Andrea und Frank sind ein schönes Paar. Ich hab mir immer Sorgen um Andrea gemacht, sie ist schließlich die Jüngste in der Familie und so. Aber es sieht so aus, als ob sie endlich einen Mann gefunden hätte, der mit ihren Forderungen zurechtkommt.« Diana machte eine Pause. »Bei dem Empfang, also, du weißt ja, daß ich es irgendwie raushabe, arme Seelen in Not anzuziehen. Da stand eine verloren aussehende Frau – eigentlich recht attraktiv – allein an dem Bowlenglas. Sie sah einsam und etwas fremd aus, also ging ich zu ihr hinüber, um ein paar freundliche Worte an sie zu richten.«

Diana schenkte mir ein strahlendes Lächeln. »Und weißt du, wer das war? Die ehemalige Freundin meines neuen Schwagers! Sie litt deutlich an gebrochenem Herzen.« Dianas Lächeln verblaßte. »Eigentlich eine ziemlich traurige Situation. Als Andrea und Frank bei dem Empfang erschienen, konnte ich sehen, daß sie gleich losweinen würde, also nahm ich sie zu einem Spaziergang mit nach draußen.« Diana schaute immer finsterer drein. »Sie schluchzte und schluchzte, also blieb ich bei ihr und half, so gut ich konnte. Wir müssen fast zwei Stunden geredet haben! Als ich endlich zu dem Empfang zurückkam, waren die meisten Gäste schon gegangen.

Es tat mir leid, daß ich meine Schwester vor ihrem Aufbruch auf die Hochzeitsreise nicht mehr gesehen hatte. Meine Mutter war sauer, weil sie mich für die Familienfotos gesucht und nicht gefunden hatte.

Und natürlich war mein Mann wütend. Er meinte, ich hätte ihn wieder allein stehenlassen und mich statt dessen um jemand anderen gekümmert.« Sie hob verzweifelt die Schultern. »Aber was sollte ich machen? Dieses arme Geschöpf im Stich lassen? Das konnte ich nicht. Sie brauchte mich.«

Berater wie Diana sind mitfühlende Menschen, die sich zu denen hingezogen fühlen, die durch eine schwierige Situation verwirrt sind. Der Berater hilft, alte Probleme aus einer neuen Perspektive zu sehen. Berater verfügen über eine natürliche Neugier und das Talent, die komplexe menschliche Natur zu verstehen. Daher fällt es ihnen leicht, Menschen dazu zu bringen, ihnen ihren Schmerz und ihre Geheimnisse zu offenbaren. Unzählige Menschen sehnen sich nach einer Aussprache, aber es gibt nur wenige, die zuhören wollen. Berater hören zu – also sprechen die Menschen.

Da Berater ein Bedürfnis verspüren, andere zu beraten, haben sie einen Hang, Leute aufzutreiben, die jemanden zum Zuhören brauchen. Diana wartete, wie viele Berater, selten ab, bis jemand auf sie zukam. Es fiel ihr leicht, Menschen in Not zu erkennen, und dann zog sie sie auch schon bald zu einem privaten Gespräch beiseite. Berater halten nicht so viel von unverbindlichem Geplauder, und es fällt ihnen leicht, das Gespräch vom Klima im allgemeinen auf das besondere Klima der Ehe oder die aktuellen Depressionen der Angesprochenen zu lenken. Da sie nicht bereit sind, höfliche Bemerkungen wie »Ach danke, mir geht's gut« durchgehen zu lassen, fragen Berater lieber: »Wie gehts dir denn *wirklich*?«

Sind sie erst einmal hilfssüchtig geworden, stellen Berater fest, daß die meisten, wenn nicht alle ihrer Kontakte zu anderen darin bestehen, diese zu beraten – sie beraten Friseure und Schneiderinnen, Chefs und Sekretärinnen. Berater verwandeln gern ein Rendezvous in eine Beratungssitzung und ein Geschäftsessen in Gruppentherapie. Sie bieten immer ein offenes Ohr und beraten Eltern, Liebhaber und Freunde. Da sie aber jede gesellschaftliche Begegnung als Möglichkeit zur Beratung nutzen, berauben sich Berater oft der für Entspannung und Regeneration notwendigen Zeit.

Ein weiteres Problem, vor dem Berater stehen, ist ihr Potential, von den Problemen anderer überwältigt zu werden. Wenn sie anderen zuhören, die ihren Schmerz beschreiben und abladen, teilen sie das Problem mit diesem Menschen. Das ist einer der Gründe dafür, daß

Beratung so wirkungsvoll ist – zwei Menschen kommen zusammen und teilen sich die Last. Aber Berater nehmen dabei manchmal mehr Schmerz auf, als sie leicht verarbeiten können. Manch ein Berater sieht sich an ein und demselben Tage mit dem Kummer einer Scheidung, dem Schrecken einer sexuellen Belästigung und der Verzweiflung einer Depression konfrontiert. Die seelischen Verletzungen von anderen Menschen mitzuerleben, kann einen schon überwältigen. Berater sind oft so von den Problemen anderer beansprucht, daß sie die Realität, daß sie nämlich selber auch Probleme haben, aus dem Auge verlieren können. Ich habe schon Berater erlebt, die ihren Klienten sehr erfolgreich geholfen haben, Gefühle zum Ausdruck zu bringen, die aber die Gefühle, die sie selbst vielleicht haben, nicht einmal erkennen können. Die Probleme anderer können Beratern schlaflose Nächte bescheren, aber um ihre eigenen kümmern sie sich nicht. Manche haben Angst davor, die dunklen Regionen zu erkunden, in denen Gefühle lauern. Es fällt ihnen viel leichter, jungen Ehepaaren dabei zu helfen, ihre zärtlichen Gefühle füreinander auszudrücken, als ihren eigenen Ehepartnern von ihrer tiefen inneren Einsamkeit zu erzählen. Sie helfen Jugendlichen, die Wut auf ihre Eltern auszudrücken, und kehren ihren eigenen Zorn lässig unter den Tisch: »Es ist alles bestens...« Sind sie erst einmal in der Erlöser-Falle gefangen, eignen sich Berater besser als »Reiseveranstalter« denn als »Reiseführer«: Es ist leicht, Landkarten zu verteilen und Routen auszuarbeiten, aber die Erlöser-Berater kennen sich in der Gegend nicht wirklich aus, da sie ihre eigenen dunklen inneren Regionen noch nicht erforscht haben.
Ein anderes Dilemma, dem ein Berater oft gegenübersteht, besteht darin, jemanden zu finden, dem er sich anvertrauen kann. Berater werden für die Leute mit den Antworten gehalten – und man ist sich ganz sicher, daß die keine Probleme haben. Folglich ist es für den Berater nicht einfach, einen Ort zu finden, an dem er ehrlich über seine inneren Kämpfe berichten kann. Wohin wendet sich der Pfarrer, wenn er sich über die Affäre aussprechen will, die ihn so belastet? Wem vertraut sich die Sozialarbeiterin an, die die Kontrolle verliert und ihr Kind schlägt? Wohin gehen wir mit unserem eigenen inneren Schmerz? Wie Diana gehen viele Berater dieses Risiko der Selbstentblößung nicht ein. Statt dessen verstecken sie sich in den Gefühlen anderer vor ihrem eigenen Leben.

Der Beschützer

Julia und Paul saßen weit auseinander in den Ecken des Sofas und strahlten vollkommen unterschiedliche Emotionen aus. Alles an Julia war Abwehr: die Beine übereinandergeschlagen, die Arme fest vor der Brust verschränkt. Sie hatte sich so abgewandt, daß ihr Mann nur ihren Rücken sehen konnte. Paul schien diese Ablehnung ganz deutlich zu spüren. Seine Hände bewegten sich unruhig auf dem Schoß. Den Kopf hielt er gesenkt, aber nur so weit, daß er aus den Augenwinkeln einen reuigen Blick auf seine Frau werfen konnte – als ob er auf ein Zeichen der Begnadigung hoffte.

Ganz plötzlich schimpfte Julia los: »Weißt du, was er getan hat?«. Sie wies mit dem Kopf nach hinten zu ihrem Mann. »Er hat drei Monate lang meine Post versteckt! Drei *Monate*!«

»Ich habe nur versucht zu helfen«, verteidigte sich Paul.

»Helfen?« Julia schwang herum und sah ihren zitternden Mann direkt an. »Wie kannst du es als ›helfen‹ bezeichnen, meine Post zu klauen?« Bevor Paul etwas sagen konnte, wandte sie sich an mich. »Ich habe gestern nachmittag an der endgültigen Fassung meiner Dissertation gearbeitet. Auf der Suche nach einem Buch, das ich für die Literaturhinweise brauchte, habe ich in einem unserer Schränke gewühlt. Weißt du, was in dem Schrank vergraben war?« Sie blickte zornig auf Paul. »Meine Post von drei Monaten. Meine POST! Da waren persönliche Briefe, Hochzeitsanzeigen, Einladungen. Ich konnte es nicht fassen. Ich hatte mich schon gewundert, daß bestimmte Freunde überhaupt nichts mehr von sich hören ließen. Sie fragen sich wahrscheinlich, warum ich sie ignoriert habe! Da bin ich nun mit einem Pfarrer verheiratet, dem ich vertrauen zu können glaubte, und jetzt stelle ich fest, daß er meine Post gestohlen hat! Ich bin so was von wütend und verletzt!«

Das Schweigen schien auf Paul zu lasten. »Ich habe nur versucht, dich zu beschützen, Julia. Ich wußte, wie wichtig dir deine Arbeit war. Und die Leute stellen immer so hohe Ansprüche an deine Zeit.« Paul blickte mich flehentlich an. »Du weißt, wie leicht sie sich zuviel zumutet. Ich wollte ihr die ganze Post geben, wenn sie ihre Dissertation fertig hatte. Ich hätte nie gedacht, daß sie wütend sein würde.« Er lächelte verlegen. »Weißt du, was ich erwartet hatte? Ich hatte mir schon ausgemalt, wie ich ihr die ganze Post an dem Tag bringen würde, an dem sie ihre Arbeit abgegeben hatte, und wie sie mir dann voller Dankbarkeit in die Arme fallen würde.« Obwohl seine Stimme ganz leise war, konnte ich die Wut in ihm hochsteigen sehen. »Ich dachte, sie würde dankbar sein, daß ich sie vor sich selbst beschützt hatte.«

Nun war Paul an der Reihe, seine Arme zu verschränken und seiner Frau den Rücken zuzukehren. Seine nächsten Worte waren an die Wand gerichtet: »Ich habe es so satt, daß ich immer zu helfen versuche und nie Anerkennung dafür bekomme. So satt!«

Beschützer wie Paul sind fürsorgliche Menschen, die die Grenzen des Möglichen überschreiten. Sie übernehmen die Verantwortung dafür, andere zu beschützen, und laden sich damit etwas auf, was außerhalb der menschlichen Möglichkeiten liegt. Eine Art, wie der Erlöser versucht, andere zu beschützen ist, daß er möglicherweise schädliche Informationen zurückhält, so wie Paul es tat in dem Versuch, Julia dadurch vor sich selbst zu schützen, daß er ihre Post versteckte.

Aber Beschützer überschreiten ihre Grenzen auch dadurch, daß sie zu viele Informationen weitergeben. Beschützer bekommen etwas von privaten Gesprächen mit, schnappen bei Besprechungen etwas auf, beobachten bei Geselligkeiten wie die Menschen miteinander umgehen – und all das liefert ihnen Informationen, von denen sie meinen, sie seien vielleicht hilfreich für andere. Also gibt der Beschützer sie weiter. Manchmal wird dabei sogar ein Versprechen gebrochen oder Vertrauen verletzt. Folglich werden die Bemühungen des Beschützers mitunter falsch verstanden oder als aufdringlich oder unehrlich gewertet.

Beschützer fühlen sich oft dafür verantwortlich, anderen Menschen Entscheidungen abzunehmen (1. Seite: »Wenn ich es nicht tue, wird es nicht getan«). Manchmal nehmen die Beschützer allerhand auf sich, um andere zu schützen (2. Seite: »Die Bedürfnisse aller anderen haben Vorrang vor meinen eigenen«). Die Opfer, die der Beschützer bringt, können jedoch, wie Paul festgestellt hat, groß sein und der Lohn bleibt dennoch gering.

Der Lehrer

Als ich Gary auf einer Konferenz zum ersten Mal gesehen hatte, diskutierte er gerade begeistert über irgend etwas. Seine Augen waren voller Leben und guter Laune. Das Thema lag ihm am Herzen, und das Streitgespräch war eine große Herausforderung. Nun saß er ängstlich auf meinem Sofa und verknotete dauernd unruhig die Finger. Der Funken war weg. Seine Augen waren trüb, geschwollen und gerötet. Als ich ihn bat, mir zu sagen, warum er um einen Termin gebeten hatte, seufzte er und begann, seine Geschichte zu erzählen.

»Als ich an die Uni kam, an der ich promovieren wollte, dachte ich, das Leben läge mir zu Füßen. Alles lief wunderbar. Mein Doktorvater und ich verstanden uns auf Anhieb. Er hat mir als neuem Studenten sogar eine Assistentenstelle angeboten, was absolut ungewöhnlich war. Bald ließ er mich ein paar eigene kleine Vorlesungen halten. Und prompt wurde ich eingeladen, bei Konferenzen, Jugendversammlungen und Tagungen zu sprechen. Nach der Promotion ging's mit meiner Karriere steil bergauf.« Zum ersten Mal zeigte sich ein Lächeln auf Garys Gesicht. »Es war herrlich!«

»Dann gerieten die Dinge irgendwie außer Kontrolle. Ich habe es einfach nicht geschafft, Bitten um Vorträge abzulehnen. Zusätzlich zu meinem vollen Lehrauftrag übernahm ich die Leitung einer wöchentlichen Gruppe an der Uni. Ich wurde der ordnungsmäßige Sprecher der Universität bei der Stadtverwaltung. Ich möchte nicht angeberisch klingen, aber es sieht so aus, als ob alle mich als Redner haben wollen. Jedes Wochenende bis Weihnachten ist mit einem Vortrag oder einer Tagung ausgebucht.«

Er riß sich zusammen, setzte sich aufrecht hin und begann, an einem losen Faden von einem der Sofakissen herumzuzupfen. »Mein Familienleben findet so gut wie nicht statt. Annie, meine Frau, beschwert sich dauernd, daß ich nie zu Hause bin. Neulich abend hat sie mir gesagt, daß unsere Kinder ohne Vater aufwachsen. Es stimmt. Mein Ältester hat gerade die weiterführende Schule abgeschlossen. Wo ist bloß die Zeit geblieben?

Wenn ich nicht unterrichte, bin ich unterwegs zu einem Vortrag. Wenn ich keine Rede halte, bereite ich die Tagung in der nächsten Woche vor. Es ist eine nie endende Tretmühle. Manchmal weiß ich nicht mal mehr, vor welchem Publikum ich eigentlich spreche.

Es ist reine Ironie. Da verbringe ich meine ganze Zeit damit, anderen Leuten zu sagen, wie sie aus ihrem Leben und ihren Beziehungen das meiste machen können, und selbst scheine ich gar kein eigenes Leben zu haben. Ich weiß nicht, was ich tun soll.«

Lehrer wie Gary sind insofern einzigartig unter den Erlösern, als sie immer gleich ganzen Busladungen von Menschen auf einmal helfen wollen. Besispiele für solche Lehrer unter den Erlösern sind Pfarrer, die sich um arme Gemeinden kümmern, Gruppentherapeuten, die mit Alkohol- oder Drogenabhängigen arbeiten, oder Erziehungsberater, die sich für Vorbeugemaßnahmen zur Verhinderung von Kindesmißhandlungen engagieren. Erlöser- Lehrer arbeiten als Ausschußvorsitzende, Prediger und Vorschullehrer. Sie genießen die Energie einer Gruppe und haben den Wunsch, den Bedürftigen eine einzigartige Botschaft zuteil werden zu lassen. Lehrer stolpern in die Erlöser-Falle, wenn der Wunsch, mit anderen zu kommunizieren, sich zu einer Verpflichtung ausweitet. Lehrern, besonders denjenigen, die aus tiefstem Herzen an ihre Botschaft glauben, kann es große Schwierigkeiten bereiten, Gelegenheiten abzulehnen, bei denen sie reden oder auftreten sollen. So wie bei anderen Erlösern auch, kann »nein« zu sagen für sie zu einer fast unerfüllbaren Aufgabe werden.

Lehrer stehen dazu vor dem speziellen Problem, daß sie zusätzliche Zeit dafür aufbringen müssen, Auftritte oder Gruppenaktivitäten zu planen. Nur wenige Lehrer improvisieren vor ihrem Publikum. Folglich brauchen sie oft eine Menge Zeit für die Vorbereitung, fürs Einüben, Proben oder Schreiben – und das zusätzlich zu der Zeit, die sie ohnehin mit der Gruppe verbringen. Da Erlöser Probleme damit haben, die Zahl der Gruppen oder Auftritte zu beschränken, summiert sich die Vorbereitungszeit für die einzelnen Aktivitäten sehr schnell. Lehrer können sehr frustriert werden, besonders wenn sie zusätzlich zu dem Lehrer-Typ noch einen weiteren Erlöser-Typ verkörpern. Manche Lehrer, die auch eine gute Portion Beglücker abbekommen haben, versuchen vielleicht, alle in der Gruppe glücklich zu machen oder dem einen oder anderen einflußreichen Mitglied besonders gefällig zu sein. Lehrer-Schenker versuchen womöglich, die materiellen Bedürfnisse der Gruppenmitglieder zu erfüllen, und plündern dabei ihre eigenen begrenzten Mittel aus. Lehrer-Beschützer sorgen vielleicht für Gruppenmitglieder, die sie als besonders verletzlich

wahrnehmen, wodurch sie ungewollt das Wachstum der Gruppe als Ganzes behindern. Lehrer-Retter versuchen möglicherweise, sich für ein bestimmtes Mitglied der Gruppe stark zu machen oder sogar die ganze Gruppe »zu retten«. Und die Lehrer-Berater, die die ganze Gruppe als »Klient« annehmen, werden leicht von der Fülle der Bedürfnisse überwältigt. Wenn schon die Erlöser-Typen, die die Verantwortung für andere auf einer eher individuellen Grundlage übernehmen, unter der Last zusammenbrechen, dann gilt das ganz sicher für die Lehrer, die danach süchtig sind, gleich ganzen Gruppen zu helfen.
In unserer Gesellschaft gelten Menschen, die in der Öffentlichkeit auftreten, schon beinahe als anbetungswürdig. Wir statten Filmstars mit nahezu magischen Eigenschaften aus und religiöse Führer mit übermenschlicher Kraft. Sportler erhalten schier astronomische Summen dafür, daß sie einen Ball treten, schlagen oder werfen. Es passiert leicht, daß ein Lehrer-Erlöser auf einen Sockel gestellt und für etwas Besonderes gehalten wird. Die Lehrer können jedoch dann zu Gefangenen davon werden, wenn ihnen ihre Einzigartigkeit keinen Raum läßt, gewöhnlich zu sein, gewöhnliche Tränen über gewöhnliche Probleme zu vergießen. Dem Lehrer fehlt vielleicht ein sicherer Ort, an dem er seine Verletzlichkeit zeigen und Versagen offen zugeben kann, um mit sich ins Reine zu kommen. Lehrer sind oft von vielen Menschen umgeben und doch quälend einsam, gefangen in der wogenden Menge, die vom Erlöser berührt werden will. Enttäuscht stellen sie dann manchmal fest, daß sie selbst jedoch von niemandem berührt werden.

Der Kreuzritter

»Ihre Gesichter werde ich nie vergessen«, vertraute Jakob mir an, »und auch nicht den Geruch und die Laute. Wenn ich diese elenden Menschen auf der Straße sehe, verstärkt das nur meinen Entschluß, so viel zu helfen, wie ich nur irgend kann. Ich wollte, ich könnte sie alle mit nach Hause nehmen.« Jakobs ohnehin fast schwarze Augen wurden noch dunkler. Sie schienen das Leid widerzuspiegeln, das sie gesehen hatten.

Jakob war Sozialarbeiter und Leiter einer kommunalen Hilfsorganisation. Sein Leben drehte sich um seine Arbeit. »Manchmal fühle ich mich im Angesicht dessen, was da draußen los ist, so hilflos. Alle unsere Mitarbeiter legen schon endlose Überstunden ein. Meine Frau und ich scheinen praktisch schon in der Sozialstelle zu wohnen, aber ich habe immer noch das Gefühl, als ob noch viel, viel mehr getan werden müßte. Ich kann mich nicht ausruhen, wenn ich spüre, wie ungerecht das alles ist. Ich muß unbedingt weitermachen, egal um welchen Preis.« Seine muskulösen Schultern schienen unter ihrer schweren Last nachzugeben.

Kreuzritter, wie Jakob, sind Menschen mit einem wachen Gespür für Gerechtigkeit, das sie zum Handeln treibt. Kreuzritter setzen sich mit viel Eifer für strengere Gesetze gegen Trunkenheit am Steuer ein, sorgen für Zufluchtsorte für illegal eingereiste Flüchtlinge aus Mittelamerika und sammeln Geld für den Kampf gegen die Leukämie. Manche Kreuzritter organisieren Kampagnen für die Legalisierung der Abtreibung, andere dafür, sie grundsätzlich zu verbieten. Ihre Anliegen können vollkommen unterschiedlich sein, aber Kreuzritter sind immer leidenschaftlich für die sozialen Probleme engagiert, denen sie sich zu stellen beschlossen haben – ganz versessen darauf, Veränderungen herbeizuführen.

Kreuzritter sind anfällig für Enttäuschungen über ihre Unfähigkeit, die Veränderungen mit der gewünschten Geschwindigkeit durchzusetzen. Besonders schmerzhaft ist es für den Erlöser, wenn er gezwungen ist, andere leiden zu sehen. Wenn andere leiden, leiden Kreuzritter auch. Kreuzritter sind immer voller Hingabe, ob sie sich nun für die Beendigung des atomaren Wettrüstens stark machen oder sich für den Ausbau des Militärs einsetzen, sich um die geistig Behinderten kümmern, die auf den Straßen leben müssen, oder Wohnraum für minderjährige Prostituierte fordern. Kreuzritter setzen ihr Leben dafür aufs Spiel, Bibeln nach Rußland zu schmuggeln und Flüchtlinge in Kellern zu verstecken. Inmitten ihres stolzen Ringens fühlen sie oft Schmerz über verlorene Schlachten und Schuld wegen versäumter Kämpfe. Kreuzritter treten zunächst meist mit dem Wunsch an, den Machtlosen Macht zu verleihen, müssen dann aber oft der Machtlosigkeit ins Auge sehen.

Welcher Erlöser-Typ bist du?

Hast du in dem Leben dieser sieben Erlöser ein Stück von dir selbst entdecken können?

Sie haben zwar jeder seinen eigenen Stil, aber alle sieben Erlöser-Typen sind Hilfs-Süchtige. Sie übernehmen sich leicht und investieren zu viel in das Leben anderer Menschen. Es mangelt ihnen an der Fähigkeit, ihrer Zeit, ihrer Energie und ihren Mitteln realistische Grenzen zu setzen. Statt dessen fühlen Erlöser sich meist getrieben, für alle Menschen alles zu sein, verantwortlich dafür, die Bedürfnisse aller möglichst schnell zu erfüllen.

Gerätst du in die Verstrickung zu beglücken, zu retten, zu schenken, zu beraten, zu beschützen, zu lehren und auf Kreuzzug zu gehen? Wenn das so ist, bist du vielleicht einer der vielen fürsorglichen Menschen, die ein Opfer der Vorstellung geworden sind, eine Lebenshaltung daraus machen zu müssen, sich in einer Weise um andere zu kümmern, die sie verzweifelt und einsam und mit dem Gefühl der Entbehrung zurückläßt. Möglicherweise beeilst du dich so sehr, Termine einzuhalten, Telefonate zu beantworten, Zeit für einen weiteren Klienten zu finden und die Schmerzen aller anderen mitzuempfinden, daß du nicht lange genug innehältst, um deinen eigenen Schmerz zu spüren.

6 Wie die Erlöser-Falle andere verletzt

> *»Es gab schon Zeiten, da habe ich einfach alles gegeben, und es war immer noch nicht genug. Je mehr ich mich bemühe, desto weniger scheine ich zu erreichen. Statt dessen entsteht Durcheinander, und die Menschen werden wütend auf mich. Ich versuche doch nur zu helfen, können das die Leute nicht sehen?«*
>
> Daniel

Die Erlöser-Falle steckt voller Täuschungen. Die meisten Lügen, die die Erlöser-Falle verbreitet, sind für den Erlöser selbst schädlich, da sie sein Selbstwertgefühl, seinen inneren Frieden, sein Sicherheits- und Verantwortungsgefühl untergraben. Eine der Lügen schadet jedoch auch anderen, nämlich genau den Menschen, denen der Erlöser zu helfen versucht. Die Erlöser-Falle führt dazu, daß der Erlöser sicher glaubt, daß es anderen zugute kommt, wenn er »hilft«. Die Wahrheit ist jedoch: *Wenn Erlöser helfen, verletzen sie.*

Erlöser tun so, als ob sie andere lieben, während sie in Wahrheit unter einer starken, zerstörerischen Sucht leiden. Nun mag einem die Sucht, anderen Menschen zu helfen, nicht als allzu schreckliche Krankheit erscheinen. Denn Helfen kann ja wohl niemandem schaden? Laß dich nicht von dem *Inhalt* dieser Sucht täuschen. Sie ist dennoch eine Sucht, und diesen Umstand darf man nicht herunterspielen.

Wenn du unter der Kontrolle der Erlöser-Falle stehst, hast du selbst die Kontrolle über deine Entscheidungen, deine Gefühle und die Wirkungen, die du auf andere hast, verloren. Das Motiv derer, die in der Falle stecken, heißt nicht Liebe. Erlöser mögen ihren Gemeinden wortgewandte Predigten halten, ihren Studenten schwierige Wahrheiten beibringen, ihren Klienten psychologische Geheimnisse offenbaren, den Armen ihren letzten Groschen schenken und vieles mehr – aber sie tun es nicht aus Liebe. Im Gegenteil: Den Erlöser leiten Gefühle von Unzulänglichkeit und Machtlosigkeit, von Verpflichtetsein und Zorn. Die Sucht zu helfen kann genauso zwanghaft, zerstörerisch und abhängig machend sein wie jede andere Form von Sucht.

Um es frei heraus zu sagen, der Erlöser benutzt andere Menschen, um seinen eigenen inneren Schmerz abzuarbeiten. Der Drang, sich Menschen zu verbinden, die den Erlöser an sich selbst erinnern, entspringt der Notwendigkeit, den Schmerz der anderen fühlen zu müssen, um den eigenen spüren zu können. Erlöser erhaschen in den Tränen anderer Menschen einen Blick auf ihre eigenen Wunden, hören in dem Schluchzen eines Freundes ein Echo ihres eigenen Kummers. Diese häßliche Wahrheit wird hinter dem Aushängeschild der »guten Taten« verborgen.

Der Apostel Paulus hat das Dilemma der Erlöser knapp und bündig zusammengefasst, als er in seinem ersten Brief an die Korinther (13; 1-3) schrieb:

Wenn ich mit Menschen- und mit Engelszungen redete, und hätte der Liebe nicht, so wäre ich ein tönend Erz oder eine klingende Schelle. Und wenn ich weissagen könnte und wüßte alle Geheimnisse und alle Erkenntnis und hätte allen Glauben, also daß ich Berge versetzte, und hätte der Liebe nicht, so wäre ich nichts. Und wenn ich alle meine Habe den Armen gäbe und ließe meinen Leib brennen, und hätte der Liebe nicht, so wäre mirs nichts nütze.

Er beschreibt, welchen Wert äußerliche Wohltätigkeiten haben, die nicht durch Liebe veranlaßt sind – sie haben keinen. Erlöser tun *Gutes* aus den *falschen Gründen*, und daher erweisen sich auch ihre besten Bemühungen als vergeblich.

Da die Triebkraft für die Tätigkeiten des Erlösers nicht die Liebe ist, fehlt es auch den Auswirkungen ihrer Anstrengungen an Liebe. Wenn er in der Falle sitzt, fällt es dem Erlöser schwer zu sehen, daß die Hilfe, die er anderen gibt, gleichermaßen in die Falle führt. Da die Erlöser sich unbewußt auf ihre eigene Bedürfnissen konzentrieren, neigen sie dazu, die Bedürfnisse der anderen falsch zu verstehen. *Erlöser neigen dazu, anderen Menschen das zu geben, was sie selber so dringend bekommen müßten.* Da der Erlöser die Situation falsch einschätzt, bleibt das, was die anderen wirklich brauchen, oft unbemerkt. Es ist unmöglich, wahrhaft zu geben, um Liebe zu empfangen, wenn man in der Erlöser-Falle steckt.

Der Beglücker – ehrliche Kommunikation wird blockiert

Die tiefen Sorgenfalten in Elizabeths Gesicht unterstrichen ihre Enttäuschung und ihre Erschöpfung. Ihr Nagellack war an mehreren Fingern abgeblättert, und die Hände, die sonst immer fest um ihren Terminplaner geklammert waren, als ob sie allzeit bereit sein müßten, lagen schlaff in ihrem Schoß. Elizabeths Augen waren gerötet und müde, als sie von ihrem Versuch erzählte, Freundschaften aufzubauen: »Ich wollte, daß es ein absolut vollkommenes Wochenende wird. Ich hatte jedes Detail von Anfang bis Ende geplant. Ich hatte die Gästeliste so zusammengestellt, daß sich die verschiedenen Persönlichkeiten ergänzen konnten und daß auch gleich viele Männer und Frauen dabei waren, daß es Paare und Singles gab.«

Elizabeth hatte sich auf die einzige ihr bekannte Art und Weise an andere gewandt – sie war in die Rolle des Helfers geschlüpft und hatte sich bemüht, ein perfektes Wochenende zu planen. Nun litt sie unter den Schmerzen, die immer entstehen, wenn man dadurch Anerkennung zu finden hofft, daß man es anderen recht macht.

»Ich habe besondere Ausflüge organisiert, die im voraus mit Gruppenermäßigung bezahlt wurden. In der Hütte, die wir gemietet hatten, gab es einen Videorecorder und reichlich Filme dazu. Selbst die Essensvorbereitung hatte ich schon so geplant, daß jeder an dem ganzen Wochenende nur einmal Küchendienst machen mußte. Jeder hat vorher schriftlich eine ganz genaue Beschreibung der Reise bekommen – sogar in Farbe. Ich dachte, nach dem Wochenende könnte ich mich endlich als Teil der Gruppe fühlen.

Dann riefen in der letzten Minute ein Ehepaar und zwei einzelne Männer an, um mir zu sagen, daß sie nicht mitkommen könnten. Jeder hatte dafür gute Gründe, aber meine Pläne gerieten völlig durcheinander. Statt der ausgewogenen Gruppe, die ich so sorgfältig zusammengestellt hatte, saßen nun vier Frauen und zwei Männer in der Hütte. Bei zwei von den Ausflügen haben wir unseren Gruppenrabatt verloren, weil wir nur noch so wenige waren. Und was das Schlimmste war«, sie sah mißmutig auf ihre angegriffenen Nägel, »wir mußten jeder mehrfach Küchendienst machen. Ich habe mich einfach furchtbar gefühlt.«

Elizabeth beugte sich vor und begann, einige der Gefühle freizulassen, die sie das ganze Wochenende so sorgfältig verborgen gehalten hatte. »Was mich an der Situation wirklich gestört hat, war die Art, wie die Gruppe auf mich reagiert hat. Wann immer ich im Zimmer war, taten alle glücklich und versuchten, mir zu sagen, daß es ihnen trotzdem Spaß machen würde. Ich wußte, daß sie unglücklich waren, aber keiner wollte mir gegenüber zugeben, wie er sich wirklich fühlte. Einmal, als sie dachten, ich wäre oben auf dem Speicher, hörte ich Sylvia sagen: ›Was für ein langweiliges Wochenende. Ich wollte, ich könnte einfach nach Hause fahren.‹ Adam antwortete: ›Ja, ich auch. Aber damit würden wir wirklich Elizabeths Gefühle verletzen. Wir können doch weiterhin so tun als ob. Das Wochenende ist ja schon fast um.‹ Ich habe mich total erniedrigt gefühlt«, gestand Elizabeth.

Elizabeth erfuhr gerade, daß Beziehungen, die von Beglückern gestaltet werden, ihrem inneren Wesen nach unehrlich sind. Beglükker tun so, als ob sie die Macht hätten, andere Menschen glücklich zu machen, und interessanterweise lassen sich die meisten Leute auf dieses Spiel ein. Elizabeth hatte gemeint, sie könnte andere Menschen dazu bringen, sie zu mögen, indem sie ein perfektes Wochenende plant. Ihre Wunschwelt krachte über ihr zusammen, als sie feststellte, daß sie nicht alle Unwägbarkeiten kontrollieren konnte. Als ihre Bemühungen nicht dazu führten, ihren Freunden mit einem perfekten Wochenende schmeicheln zu können, hatte Elizabeth das Gefühl, versagt zu haben. Und, was noch schlimmer war, sie fühlte sich ungeliebt.

Wenn sie in der Erlöser-Falle gefangen sind, sind die Erlöser unfähig, Liebe zu geben oder zu empfangen. Sie sind ganz damit beschäftigt, so zu tun, als ob sie selbst beglückten und beglückt würden, und es geht ihnen nicht darum, einander ihre Gefühle zu zeigen. Beglükker offenbaren sich nicht und gehen auch nicht das Risiko ein, erkannt zu werden. Statt dessen versuchen sie das zu sagen, von dem sie glauben, daß es anderen gefällt – so ähnlich wie Elizabeths Freunde so getan haben, *als ob* Elizabeth ihnen eine Freude gemacht hätte. Die Wahrheit bleibt oft außen vor, wenn man unbedingt positive Reaktionen von anderen haben muß.

Diese Sucht kann einen so fesseln, daß Beglücker alles auf sich nehmen, um zu beglücken. Sie können manipulieren, falsche Miene machen, Gefühle hinunterschlucken, sogar lügen. Beglücker opfern unwissentlich Chancen für ein echtes Zusammensein für eine schäbige Nachbildung. Elizabeth hat durch ihr Erlöserverhalten versucht, Freundschaften aufzubauen, aber es ist ihr nur gelungen, diesen knospenden Beziehungen Schaden zuzufügen. Wenn ein Beglücker sich ins Zeug legt, ist damit niemandem gedient. Die Gelegenheit zu vertrauter Nähe wird gegen die Illusion eingetauscht, daß der Beglücker jemand anderen glücklich gemacht hat.

Der Retter – Gefühle von Hilflosigkeit werden in anderen verstärkt

»Heute kam aber auch eins zum anderen«, beschwerte sich Daniel. »Erst ist es mir irgendwie gelungen, zwei Anhörungen auf einen Vormittag zu legen. Hast du je versucht, gleichzeitig in zwei verschiedenen Gerichtssälen zu sein? Und dann rief Sally wieder an. Erinnerst du dich an Sally? Die Mandantin, die um das Sorgerecht für ihre Kinder kämpft? Also, sie rief weinend an und sagte, sie müsse mich gleich sprechen. Also habe ich einen Termin zum Mittagessen mit ihr dazwischengequetscht. Das hat natürlich den Rest des Tages durcheinandergebracht, und ich arbeite derzeit an mehreren Fällen… und«, Daniel machte eine Pause und holte tief Luft. »Puh! Eine Krise nach der nächsten.« Er sah auf seine Uhr und runzelte die Stirn. »Und ich habe schon die Hälfte dieser Stunde versäumt.«
»Fühlst du dich gut dabei, daß du die Hälfte deiner Zeit hier dafür eingetauscht hast, dich um andere Menschen zu kümmern?« fragte ich.
Daniel rang hilflos die Hände und zuckte mit den Achseln. »Was soll ich sonst tun? Diese Leute brauchen mich wirklich, besonders Sally.«
Als ich ihn fragte, woran es wohl läge, daß seine Bedürfnisse zugunsten derer von anderen Menschen geopfert würden, war Daniel verwirrt. »Was soll ich denn Sally sagen, wenn sie darüber weint, daß ihr Mann ihr mit Schlägen gedroht hat? Soll ich ihr etwa nächsten Dienstag einen Termin geben? Das war eine Krise. Sie verläßt sich jetzt auf mich, sie durch die Scheidung zu bringen. Da müssen jetzt noch mehr Unterlagen eingereicht werden und außer-

dem muß ich eine einstweilige Verfügung erwirken wegen seiner gestrigen Drohung.«

Daniel stellte Sally als eine Frau dar, deren Überleben von ihm abhing. Sein erster Eindruck von Sally war günstiger ausgefallen. »Es schien ihr so ähnlich zu gehen wie vielen meiner Scheidungsmandanten – sie war aufgeregt und entsetzt, schien aber ganz gut mit allem fertig zu werden. Je länger sie jetzt jedoch von ihrem Mann getrennt ist, deso mehr verläßt sie sich auf mich. Sie war in so vielen Dingen von ihrem Mann abhängig. Sie weiß nicht einmal, wie sie ihre private Buchhaltung machen muß. Also kommt sie jetzt einmal im Monat mit ihrem ganzen Papierkram zu mir ins Büro, und ich erledige das für sie.«

Er lächelte. »Sie sagt, sie wüßte nicht, was sie ohne mich tun sollte. Sie fühlt sich so hilflos.« Nun wurde er wieder streng und verlangte von mir zu wissen: »Wie kannst du erwarten, daß ich diese Frau im Stich lasse?«

Daniel war in einer Täuschung der Erlöser-Falle gefangen, die sowohl ihm schadete wie Sally, der Frau, der er zu helfen versuchte. Diese Täuschung setzt sich aus mehreren Bestandteilen zusammen. Erstens versuchte Daniel, seinen eigenen Wert zu bestätigen, indem er andere Menschen aus echten und eingebildeten Krisen rettete. Also brauchte Daniel ständig Menschen in Krisen. Retter neigen dazu, sich Situationen oder Organisationen zuzuwenden, die auf Krisen spezialisiert sind. Man findet Retter als professionelle Helfer, etwa als Arzt in der Notaufnahme, als Unfallhelfer auf der Autobahn oder als Sozialarbeiterin bei Familienberatungsstellen. Als Halbprofessionelle melden sich Retter freiwillig als Mitarbeiter beim Sorgentelefon für selbstmordgefährdete Jugendliche, oder sie unterstützen Familien mit todkranken Kindern. Und als Laien werden sie Mitglieder von Gruppen und Verbänden, die sich Krisensituationen widmen, beispielsweise von Unterstützungsgruppen für ehemalige Drogenabhängige oder von kirchlichen Programmen für geistig Behinderte oder Obdachlose. Daniel hat sich durch die Eröffnung einer auf Scheidungen spezialisierten Anwaltskanzlei einen endlosen Zustrom von Mandanten in Not gesichert. Retter fühlen sich zu Situationen hingezogen, die Menschen in einer Krise anziehen.

Zum zweiten hat seine Sucht, andere zu retten, Daniel die angemessenen Grenzen überschreiten und bei denen, die er rettete, eine besondere Erwartung entstehen lassen. Daniel tat sich als Erlöser mit Mandanten wie Sally zusammen, die einen Erlöser suchten. Es ist unheimlich, wie Erlöser und und Menschen, die einen Erlöser suchen, der sie rettet, einander unweigerlich finden. Die Erlöser entwickeln oft langjährige Beziehungen zu diesen Menschen, wobei sie sich sowohl gefangen wie durch ihr Bedürfnis nach Fürsorge bestätigt fühlen. Bei Rettern kann man davon ausgehen, daß sie einem Elternteil bei seinem Alkoholproblem helfen oder ein erwachsenes Kind aus finanziellen Belastungen retten. Oft haben sie Freunde, die nur anrufen, wenn sie in Krisen stecken, vielleicht auch einen, bei dem das diesen Monat schon fünfmal der Fall war.

Drittens hatte Daniel das Gefühl, daß er sich dafür entscheiden müsse, entweder seine Bedürfnisse erfüllt zu bekommen oder sich um die anderer zu kümmern. Sein Streben nach Bestätigung brachte Daniel dazu, seinen Tag zu voll zu stopfen, Krisensituationen anzuziehen und abhängige Beziehungen zu pflegen. Wenn er damit konfrontiert war, einmal *direkt* seine eigenen Bedürfnissen zu beachten (etwa rechtzeitig zu seiner Therapiestunde zu kommen) oder *indirekt* etwas für sein Selbstwertgefühl zu tun (indem er bei Sally den Retter spielte), hat er sich immer für den Weg der Erlöser-Falle entschieden. Viele Erlöser können, wie Daniel, nicht erkennen, daß ihre persönlichen Bedürfnisse keinen Konflikt mit denen anderer Menschen bedeuten. Dieser Konflikt existiert nur innnerhalb der Erlöser-Falle. Um näher zu erklären, was ich meine, werden wir uns die vierte Täuschung anschauen, der Daniel anheimgefallen ist.

Daniel lebte in dem Glauben, daß er Sally helfen würde, wenn er sie rettete. Aber so war es nicht. Solange er ihr seine professionellen Dienste zuteil werden ließ, behandelte er Sally mit Würde und unterstützte sie wirklich. Wenn er sich jedoch ihrer Buchhaltung annahm, ging er mit ihr wie mit einem unfähigen Opfer um. Seine Handlungen schwächten ihr ohnehin schlecht ausgebildetes Selbstwertgefühl und verstärkten ihre Angst, ohne einen Mann nicht mit dem Leben zu Rande zu kommen. Dadurch, daß er sofort auf jeden ihrer Rufe reagierte, zeigte er ihr, daß er sie für unfähig hielt, sich selbst zu schützen und ihr eigenes Leben als Erwachsene in den Griff zu bekommen. So behinderte er mit jeder seiner Rettungsaktionen in Wirklichkeit Sallys Wachstum.

Da Daniel in der Erlöser-Falle steckte, sah er nur zwei Möglichkeiten – er mußte Sally entweder retten oder im Stich lassen. Er war blind für die vielen Wege, wie er ihr wirklich hätte helfen und ihr Liebe geben können. So hätte er auch im Nicht-Erlöser-Stil auf die Bedürfnisse dieser Frau eingehen können, indem er sie beispielsweise mit einer Beratungsgruppe für Frauen in Übergangsphasen zusammengebracht, ihr bei der Suche nach Selbsthilfegruppen für Eltern in Scheidung geholfen oder sie ermutigt hätte, eine Freundin zu bitten, ihr die Grundlagen der Buchhaltung beizubringen. Es gab eine Vielzahl von Möglichkeiten, mit denen Daniel zu Sallys Wachstum hätte beitragen und sie ermutigen können, Verantwortung für ihr eigenes Leben zu übernehmen. Statt dessen fiel Daniel in die Falle, genau dem Menschen weh zu tun, dem er eigentlich helfen wollte.

Der Kreuzritter – wütend auf alle, die sein Anliegen nicht teilen

»Mich beunruhigt etwas aus der Arbeit«, setzte Jakob an. »Ich hatte gerade ein sehr erschütterndes Gespräch mit einer unserer Rechtsberaterinnen. Sie heißt Jill. Als ich ihr das erste Mal begegnete, war ihr Leben ziemlich vermurkst. Sie hatte eine harte Jugend hinter sich und war dauernd in Schwierigkeiten. Aber ich sah, was in ihr steckte, und habe zu ihr gehalten. Jill hat sehr gut auf die Zuwendung reagiert, die sie von uns bekam. Schließlich konnten wir ihr sogar eine Stelle in unserem Verband geben. Was für eine Verwandlung! Immer da, wenn wir sie brauchen. Sie ist wirklich ganz bei der Sache und eine unserer besten Mitarbeiterinnen. Jedenfalls dachte ich das bis vor kurzem.«
Bei den nächsten Worten waren seine Augen voller Schmerz. »Wir haben schon die ganze Zeit hektisch an einem Finanzierungsplan gearbeitet, der heute nachmittag um fünf abgeliefert werden mußte. Alle Mitarbeiter waren das ganze Wochenende praktisch rund um die Uhr im Dienst, um diesen Plan zusammenzustellen. Die einzige, die nicht aufgetaucht ist, war Jill. Heute früh war die Gruppe schon ziemlich erschöpft, aber wir mußten noch Kopien machen und die

Seiten zusammentragen. Da kommt Jill hereinspaziert, keine Entschuldigung, keine Erklärung dafür, wo sie das ganze Wochenende war, nichts! Kommt einfach mit einem fröhlichen Lächeln auf mich zu und fragt, was sie tun könne, um zu helfen. Ich war vielleicht wütend!«

»Ich fragte sie, warum sie das ganze Wochenende nicht gekommen sei, und da gab sie mir nur einen angewiderten Blick und meinte, sie hätte letzte Woche schon vierzig Stunden gearbeitet. Und Wochenendarbeit stünde nicht auf ihrem Dienstplan. Kannst du dir das vorstellen?« Jakob sah wütend zu mir auf. »Ich habe ihr gesagt, ihre Arbeit sei erst dann zu Ende, wenn alles getan sei, und nicht nach soundso viel Stunden. Sie schüttelte den Kopf und ging weg. Ich verstehe ihre Einstellung einfach nicht.«

Kreuzritter wie Jakob sind Menschen mit tiefer Hingabe an ihre Sache, die aber dann von ihrem eigenen Kreuzzug aufgefressen werden. Dabei sind die Kosten und die Risiken manchmal groß. Wenn es um viel geht, werden die Kreuzritter in ihrer Hingabe häufig sehr zielstrebig. Oft werden sie so von der Leidenschaft für die gute Sache durchdrungen, daß daneben kein Raum bleibt für weitere Leidenschaften. Der gewählte Kreuzzug wird zum zentralen Bezugspunkt im Leben eines Kreuzritters.

Wenn das geschieht, sind die Kreuzritter besonders anfällig dafür, wütend zu werden. Diejenigen, die sehr intensiv an ihre Sache glauben, geraten leicht in Zorn über unnötiges Leiden – über Kinder mit hungrigen, traurigen Augen, über von Drogen zerstörte Jugendliche oder über Menschen, die alleine in kalten Wohnungen sterben. Kreuzritter spüren einen berechtigten Zorn, einen der sie zum Handeln treibt. Aber Wut ist eine mächtige, oft verschlingende Emotion, und der Kreuzritter stellt vielleicht fest, daß das das einzige Gefühl ist, das er noch empfinden kann. Ich nenne es »Kreuzritters Zorn«. Kreuzritters Zorn kann sich wie eine ansteckende Krankheit vom Haß auf Ungerechtigkeit zum Haß auf Menschen ausdehnen. Sehr oft gibt es andere Gruppen, die der eigenen Sache im Wege stehen oder ihr entgegen arbeiten. Es fällt viel zu leicht, das eigentliche Thema aus dem Auge zu verlieren und statt dessen die zu hassen, die gegen den Kreuzzug sind. Kreuzritter treten zwar als *Freunde der Gerechtigkeit* an, aber sie können leicht zu *Menschenhassern* werden, ohne überhaupt zu bemerken, daß sie sich so furchtbar vergaloppiert haben. Kreuzritter können sich selbst vormachen, daß sie immer noch auf eine gute Weise kämpfen, weil sie es für einen guten Zweck tun, während sie in Wirklichkeit längst dem Kreuzzug an sich verfallen sind.

Letzten Endes kann sich Kreuzritters Zorn sogar gegen die eigenen Mitarbeiter richten. In diese Falle war Jakob geraten. »Ich habe nachhher versucht, mit Jill zu reden«, fuhr er fort, »aber wir sind nicht sehr weit gekommen. Sie hatte wirklich die Nerven, mir zu sagen, sie sei bereit, so viele Stunden zu arbeiten, wie sie auch bezahlt würde. Wenn sie Überstunden machen müßte, wollte sie die auch als solche bezahlt bekommen! Sie weiß, daß wir einen unheimlich knappen Etat haben. Ich konnte es einfach nicht fassen, daß sie so materialistisch ist und mehr Geld haben will, auch wenn das heißt, daß wir weniger haben, um die Armen zu versorgen! Es hat mir das Herz gebrochen.«

Kreuzritter werden, wie Jakob, oft durch ihre Sucht geblendet und verbreiten unwissentlich voller Eifer die Lügen der Erlöser- Falle. Sie glauben, daß nur sie und ihre hingebungsvolle Gruppe die notwendigen Veränderungen herbeiführen können (1. Seite) und daß nichts wichtiger sei als die Sache – nicht einmal die Bedürfnisse der Menschen, mit denen der Kreuzritter zusammenarbeitet (2. Seite). Wenn ein Mitarbeiter sein Verhalten nicht nach den Lügen der Erlöser-Falle ausrichtet – sich nicht so verhält, als ob die ganze Welt von ihm abhinge, und darauf besteht, daß auch seine eigenen Bedürfnisse erfüllt werden – fühlen sich Kreuzritter oft betrogen und werden wütend. Sie verlieren leicht aus den Augen, daß es schließlich *Menschen* sind, mit denen sie arbeiten, Menschen mit rechtmäßigen Bedürfnissen und einem inneren Wert. Für Kreuzritter jedoch werden Mitarbeiter Mittel zum Zweck, Arbeitstiere, Objekte.

Kreuzritter dulden nichts anderes als vollkommene Hingabe und grenzenlose Verpflichtung an die Sache. Sie nehmen die Haltung des »Wenn du nicht für uns bist, mußt du gegen uns sein« ein. Alle müssen ihre Treue erklären – alles oder nichts, schwarz oder weiß, gut oder böse. Von den Mitarbeitern wird erwartet, daß sie alles der Sache opfern – und ich meine wirklich *alles*: Freunde, Familie, Gesundheit, Geld. Wenn sie in Führungspositionen sind, neigen Kreuzritter dazu, ihre Mitarbeiter zu viel arbeiten zu lassen und ihnen dafür zu wenig zu zahlen. Die Zahl der vom Berufsleben

ausgebrannten Menschen ist nirgendwo höher als in den Organisationen, die von Kreuzrittern geleitet werden.
Und sehen die Kreuzritter ein, daß sie auf dem falschen Wege sind, wenn ihre Mitarbeiter die Belastungen und die unrealistischen Erwartungen, die an sie gestellt werden, nicht mehr aushalten? Nein. Kreuzritter fühlen sich dann meistens noch betrogen.
Ich habe über die Jahre bei den verschiedensten Wohltätigkeitsverbänden und kirchennahen Gruppierungen mitgearbeitet, die sich ehrenwerten Anliegen verpflichtet hatten. Zwar haben diese Gruppen ganz sicher das Leben ihrer Klientel leichter gemacht, aber ich habe auch beobachtet, daß viele der Mitarbeiter Opfer von Kreuzritters Zorn geworden sind. Ihre Ehen sind zerbrochen, weil keine Zeit da war, sie zu pflegen, ihre Gesundheit war angegriffen, weil keine Möglichkeit geduldet wurde, sich auszuruhen, und ihr emotionales und spirituelles Leben war verdorrt, weil keine Zeit fürs Alleinsein erlaubt war. Allzu oft gewinnen die Kreuzritter ihren Kreuzzug, verabsäumen aber, die vielen Verluste unter den Mitarbeitern zu zählen.

Der Schenker – andere werden durch Geschenke zu kontrollieren versucht

»Ich fühle mich wie eine leere Grube«, rief Alicia aus. »Tanya, meine jüngere Schwester, hat wieder Probleme, und ich möchte ihr gern helfen. Aber ich habe das Gefühl, daß ich schon alles weggegeben habe, was ich hatte.«
Sie rieb mit den Händen die Ellbogen ihres abgewetzten Pullovers und seufzte. »Tanya will ein Auto kaufen, und ich soll bürgen. Um ihre Kreditwürdigkeit ist es so schlecht bestellt, daß ihr trotz ihres Jobs und allem keiner das Geld geben will. Ich habe ihr gesagt, daß ich ihr aushelfe, aber ich wolle jeden Monat die Kontoauszüge sehen, als Beweis dafür, daß sie die Raten für das Auto wirklich bezahlt hat. Ich möchte wissen, wo all dies Geld wirklich hingeht. Da schrie sie mich an und meinte, ich hätte kein Recht, ihr zu sagen, was sie zu tun und zu lassen hätte. Ich sagte ihr, ich hätte jedes Recht, solange sie von meinem Geld leben würde. Schließlich kam sie zur Vernunft und willigte ein.«

»Ich weiß einfach nicht, was mit ihr los ist«, klagte Alicia. »Tanya hat dauernd finanzielle Schwierigkeiten. Ich weiß nicht, was sie mit ihrem Geld treibt. Sie hat eine gute Stellung, aber das scheint daran nichts zu ändern. Am Monatsende ist sie immer pleite.« Alicia legte stirnrunzelnd den Kopf zur Seite. »Das sind heutzutage die einzigen Gelegenheiten, wo ich sie zu sehen kriege – am Monatsende, wenn sie kein Geld mehr hat, oder wenn sie eine kostenlose Mahlzeit braucht.«

Oberflächlich mag es so aussehen, als ob Schenker wie Alicia wirklich helfen. Aber jemand, der das bekommt, was ein Erlöser-Schenker zu geben hat, verliert in Wirklichkeit etwas: Er gibt die Kontrolle über sein eigenes Leben auf. Die übernimmt der Schenker. Wenn der Erlöser etwas für jemanden übernimmt, lautet die von ihm übermittelte Botschaft: Diejenigen, die Unterstützung bekommen, sind unfähig, für sich selbst zu sorgen. Der Erlöser vermittelt anderen, daß sie minderwertig sind und daher den Erlöser brauchen, der sich um sie kümmert. Hilfe hat hier ihren Preis. Schenker machen zwar vielleicht den Eindruck, daß sie geben, aber in Wirklichkeit nehmen sie anderen etwas: die Eigenverantwortung, die Kontrolle über das eigene Leben und die Selbstachtung.

Was Alicia ihre Schwester lehrte, war schädlich. Tanya lernte, daß ihr eigenes Handeln keine ernsthaften Folgen haben würde, weil jemand anderes, der stärker war, für ihre Fehler und ihre Unverantwortlichkeit einstehen würde. Alicia trug dazu bei, daß Tanya sich zu einem Menschen entwickelte, der abhängig war und andere nach seinem Willen beeinflußte.

Mit den Mahlzeiten und dem Geld hat sich Alicia die regelmäßigen Besuche ihrer Schwester »erkauft«. Sie erkannte, daß Tanya nicht mehr kommen würde, wenn es kein Tauschgeschäft gäbe. Ihre Beziehung war nicht von ausgewogener, liebevoller Vertrautheit geprägt. Sie beruhte vielmehr auf Alicias Bereitschaft, Verantwortung für Tanya zu übernehmen – und diese Maskerade versahen sie dann mit dem Etikett »Liebe«.

Der Beschützer – Informationen werden zurückgehalten, Vertrauen mißbraucht

»Paul, würdest du mir wohl ein bißchen mehr über deine Kindheit erzählen?« fragte ich zu Beginn unserer Sitzung.

Er schaute auf seine Frau, Julia, und rief sich die Erinnerung ins Gedächtnis zurück. »Bis ich ungefähr acht Jahre alt war, dachte ich, wir wären eine glückliche Familie. Dann zog mein Vater ganz plötzlich aus. Ich hatte meine Eltern nie streiten hören, nicht ein Mal. Meine Mutter sagte, sie hätten mich vor ihren Problemen schützen wollen.«

Über Pauls Gesicht zog ein zynisches Lächeln. »Das sollte wohl ein Witz sein! Eines Tages kam ich aus der Schule nach Hause, und da war mein Vater dabei, das Auto zu beladen. Ich fragte ihn, wo er denn hinführe. Da stiegen ihm die Tränen in die Augen, und er sagte, er würde eine Reise machen. Er hat mir nicht mal dann die Wahrheit gesagt, als ich ihn danach gefragt habe. Er ging für immer, aber mich hat er in dem Glauben gelassen, daß er in ein paar Tagen zurück sein würde. Du kannst dir gar nicht vorstellen, wie weh es tat zu erkennen, daß er nicht nur nicht zurückkommen würde, sondern daß er mich auch noch belogen hatte.«

Julia wandte sich vorwurfsvoll an ihn: »Paul, wie kannst du mich auf dieselbe Weise verletzen?«

Paul starrte sie verwirrt an, als Julia weitersprach: »Zu wissen, daß Menschen dich als Kind sehr damit verletzt haben, daß sie dir die Wahrheit vorenthalten haben, scheint dich nicht daran zu hindern, mit mir genau dasselbe zu machen.«

»Wann habe ich dir denn wehgetan?« fragte er.

»Letzte Woche zum Beispiel«, griff sie ihn an. »Du wußtest, daß meine Mutter wieder ins Krankenhaus gekommen war. Du hast es mir nicht gesagt.«

Paul versuchte sich zu verteidigen. »Ich wollte nicht, daß du dir Sorgen machst.«

»Warum nicht?« fragte Julia. »Hältst du mich für so zerbrechlich, daß ich die Wahrheit nicht ertragen könnte? Dadurch, daß du es mir nicht gesagt hast, konnte ich im Krankenhaus nicht bei ihr sein. Du *tust mir weh*, wenn du mich ›beschützt‹.«

Beschützer halten oft möglicherweise schmerzhafte Informationen zurück, weil sie versuchen, andere Menschen davor zu bewahren. Beschützer hüten die Familiengeheimnisse. Sie geben nicht zu, daß Mutter ein Alkoholproblem hat, daß Onkel Georg schon wieder arbeitslos ist oder daß der Mann ihrer Schwester eine Geliebte hat. Statt die Wahrheit zu sagen, erzählen sich die Beschützer untereinander, daß Tante Tillie das Valium für ihre Rückenschmerzen braucht und daß die blauen Flecken auf den Beinen der Enkelkinder von einem weiteren Unfall herrühren. Es sind die Beschützer, die durchs Leben gehen ohne das Geheimnis zu verraten, daß ihr Großvater sie als Kinder belästigt hat – schließlich würde es Großmutter das Herz brechen, wenn sie je die Wahrheit erführe.

Paul hat von seinen Eltern gelernt, ein Beschützer zu sein. Obwohl er selbst unter den schädigenden Auswirkungen des »Beschützens« durch seine Eltern litt, hatte er Schwierigkeiten zu sehen, daß seine Bemühungen, seine Frau »zu beschützen«, ähnlich verletzend waren. Beschützer sind, ganz wie Paul, dafür bekannt, daß sie die Wahrheit vor anderen verbergen – und vor sich selbst. Vertrautheit und Nähe beruhen auf Ehrlichkeit und offenem Austausch. Solange der Beschützer jedoch in der Erlöser-Falle steckt, ist er in einem Netz von Verzerrungen gefangen, das Vertrautheit unmöglich macht.

Eine andere Falle, in die Beschützer gern stolpern, ist die, *zu viele* Informationen weiterzugeben. Sie sind sehr oft zwischen verschiedenen Bindungen hin- und hergerissen. Paul schilderte mir eine Situation, in der eine seiner Mitarbeiterinnen, Linda, sich bei ihm darüber beklagte, sie sei mit der Arbeitsleistung von Alice, einer der Büroangestellten, unzufrieden. Linda kämpfte mit der Frage, ob sie Alice kündigen solle. Paul wollte Alice davor beschützen rauszufliegen. Also erzählte er ihr, was Linda gesagt hatte. Dabei ging er davon aus, daß Alice die Quelle der Information für sich behalten würde. (Dabei fällt auf, daß Paul zwar die Information von Linda nicht vertraulich behandelt hatte, gleichwohl aber erwartete, daß Alice es mit seiner tat.) Alice jedoch ging stracks zu Linda, konfrontierte sie mit der Frage, ob ihr Arbeitsplatz ihr sicher sei, und ließ im Laufe des Gesprächs fallen, daß Paul sie darauf gebracht habe. Paul hat in dem Versuch, Alice zu beschützen, Lindas Vertrauen mißbraucht und Alice dann wieder seines, um sich selbst zu schützen.

Beschützer wie Paul schaden Beziehungen unabsichtlich damit, daß sie falsch einschätzen, was für jemand anderen schmerzhaft ist und was nicht. Sie neigen dazu, die Wahrheit für sich zu behalten, wenn es an der Zeit wäre, ehrlich zu sein, und Informationen weiterzugeben, wenn es unpassend ist – alles unter dem Etikett der Fürsorglichkeit.

Der Berater – einseitige Vertrautheit wird gefördert

Zögernd und fast trotzig betrat Dianas Schwester mein Büro. Hinsetzen wollte sie sich nicht. »Ich bleibe sowieso nicht lange«, meinte Andrea. »Vermutlich wollen auch Sie mir sagen, was ich zu tun habe, wie?« Diana war zwar ununterbrochen damit beschäftigt, fast jeden in ihrem Umkreis zu beraten, aber irgendwie hatte sie Schwierigkeiten, an ihre Schwester »ranzukommen«. Sie bat Andrea, mit mir zu sprechen, und hoffte, auf diese Weise die Kluft überwinden zu können, die sich zwischen ihnen beiden entwickelte.
Andrea schob die Schuld für die Fremdheit, die sie für ihre Schwester empfand, auf Dianas Neigung, sie »zu beraten«, statt Zeit mit ihr zu verbringen. »Ich habe so das Gefühl, daß ich Probleme haben muß, damit sie mich überhaupt zur Kenntnis nimmt«, beschwerte sich Andrea. »Ich sehe sie nicht sehr oft, aber wenn, dann fangen unsere Unterhaltungen immer mit Sätzen an wie: ›Also, was haben wir denn für ein Problem?‹ Manchmal habe ich keine Probleme. Manchmal möchte ich einfach nur mit meiner Schwester zusammensein und plaudern. Aber wenn meine Schwester an mir interessiert bleiben soll, muß ich mit etwas kommen, wobei sie mir helfen kann. Sonst läßt sie mich stehen und geht jemand anderem helfen.«
Mit dieser Tendenz steht Diana nicht allein. Ich habe Pfarrer beobachtet, die als Seelsorger für ihre Ehefrauen auftreten wollen, Lehrer, die ihre Freunde unterrichten, und Verwaltungsangestellte, die ihre Familienausflüge wie Vorstandssitzungen organisieren. Da sie süchtig danach sind zu helfen, versuchen Berater oft, jede Begegnung in eine Beratungssitzung zu verwandeln. Folglich werden diese Beziehungen beeinträchtigt, und diejenigen, die wirkliche Vertrautheit mit dem Berater brauchen, bleiben oft unbefriedigt zurück.
Erlöser-Berater werden zu Meistern der einseitigen Vertrautheit.

Zwar stellen Berater Beziehungen her, die tiefes Mitgefühl und emotionale Verbundenheit einschließen, aber sie passen gut auf, daß nur die anderen und nicht sie selbst die Verletzlichkeit erfahren. Von den anderen erwarten sie, daß sie ihre Gefühle preisgeben, selber verstecken sie sich hinter der Erlöser-Rolle.

Da die emotionale Verbundenheit zwischen einem Berater und dem von ihm Beratenen intensiv und sogar aufheiternd sein kann, können die Berater leicht mit dem Gefühl daraus hervorgehen, daß sie ein anderes menschliches Wesen zutiefst berührt haben. Als Berater hat man die anderen vielleicht berührt, aber man hat sie auch daran gehindert, einen selbst zu berühren. Die Beratenen öffnen den Zugang zu ihrem Innersten, aber der Berater gibt dieses Geschenk nicht zurück. Klienten können Mut zeigen, aber ein Berater hält seine eigenen Karten verdeckt. Da werden Wunden offengelegt, gesäubert und zur Heilung geführt. Aber es sind nicht die Wunden des Beraters, die noch tief verborgen liegen, eiternd und schwärend. Da Erlöser sich für den indirekten Weg des Wachstums entschieden haben – *den indirekten und auch untauglichen* –, sind Berater oft getrieben, sich mit Menschen zu verbinden, die sie an sie selbst erinnern. Wenn ein Erlöser-Berater ein verängstigtes Kind tröstet, ist das ein Versuch, das zitternde innere Kind in sich selbst zu beruhigen. Wenn er dem Opfer einer Vergewaltigung dabei hilft, wieder ein Gefühl von Sicherheit zu erringen, gilt die Unterstützung des Beraters dem Opfer in seinem eigenen Inneren. Die Lösung ehelicher Spannungen bei anderen Menschen gibt dem Berater Hoffnung für seine eigenen gestörten Beziehungen. Der Berater übt im Leben anderer Macht aus und macht sich damit vor, daß er mehr Kontrolle über sein eigenes Dasein gewonnen hätte.

Da Berater zutiefst von denen abhängig sind, die sie beraten, wollen sie, daß andere Menschen Probleme haben (die aber nur so groß sein dürfen, daß der Berater sie lösen kann) und daß die anderen wachsen (aber nicht zu sehr). Nicht wünschenswert wäre es, wenn die Beratenen über den Berater hinauswachsen und ihn damit allein lassen würden, sich direkt dem eigenen Schmerz zu stellen. Folglich neigen Berater dazu, Abhängigkeit zu pflegen und das Wachstum anderer zu behindern.

Seine Abhängigkeit von den Problemen anderer kann die Beziehungen des Beraters selbst schädigen. Da Diana so verzweifelt Probleme brauchte, die sie lösen konnte, tat sie unabsichtlich ihrer Schwester weh. Andrea hatte ein berechtigtes Bedürfnis nach vertrautem Umgang mit ihrer Schwester, aber Diana konnte ihr nicht auf einer Grundlage von Gegenseitigkeit begegnen. Diana wußte nur, wie man mit einseitiger Vertrautheit eine Beziehung führen konnte. Um mit Diana zu deren Bedingungen zusammenzusein, hätte Andrea ihr eigenes Wachstum opfern müssen. Sie hättte von ihrer Schwester abhängig werden und sie mit Problemen versorgen müssen, die Diana dann hätte lösen können. Wenn Andrea keine »Probleme« hatte, hatte sie keinen Platz in Dianas Leben.

Erlöser-Berater behaupten, sie würden anderen helfen, während sie sich in Wirklichkeit nur darum kümmern, ein recht zerbrechliches Gefühl von Wohlbefinden aufrechtzuerhalten. Inneres Wachstum, eine persönliche Erfahrung, die Mut und Risikobereitschaft erfordert, ist Erlösern ziemlich fremd. Sie beobachten andere, die in vorderster Linie mit Tränen in den Augen gegen ihre eigenen inneren Ängste kämpfen, während sie selbst Haus und Hof nicht verlassen, um sich ihren dunklen inneren Bereichen zu stellen. Da sie Wachstum nur aus der Rolle des fest im Sessel sitzenden Beobachters kennen, können Berater die von ihnen Beratenen und ihre persönlichen Beziehungen auch nicht sehr weit bringen. Viele Beratene sind über die Unfähigkeit des Beraters, selbst voranzukommen, verblüfft. Da auch sie davon gefangen werden können, müssen sie sich von dem Berater frei machen, wenn sie wachsen wollen. Solche Verluste können für den Berater verwirrend und ungewöhnlich schmerzhaft sein, weil er nicht versteht, warum er zurückgelassen wird. Manche der Beratenen, wie Andrea, ziehen tatsächlich weiter, aber sie spüren dort, wo Liebe hätte sein können, den Verlust von Vertrautheit und eine schmerzende Wunde.

Der Lehrer – Vertrautheit wird vermieden, indem er »auf der Bühne steht«

Gary lag ausgestreckt auf dem Sofa. Er hielt ein Kissen vor die Brust und starrte zur Decke. Das Leben schien über ihm zusammenzukrachen, und er konnte nicht verstehen wieso. Schließlich hatte er alles

»richtig« gemacht. Seiner Mutter hatte er der bestmögliche Sohn zu sein versucht. Annie, seine Jugendliebe, hatte er in der Woche nach dem Staatsexamen geheiratet. Daraufhin machte er noch seinen Doktor und bekam schnell eine Stelle an einer angesehenen Universität. In zwanzig Jahren Lehrtätigkeit hatte Gary sich als begabter Professor, Redner und Autor bewiesen. Er war dafür bekannt, daß er besonderes Interesse an seinen Studenten zeigte. Annie und Gary waren die stolzen Eltern von zwei Söhnen. Soweit es ihn betraf, war alles in seinem beruflichen und privaten Leben glatt verlaufen.

Diese rosigen Aussichten kamen eines Nachmittags zu einem abrupten und schmerzhaften Ende. Die Geschichte nahm ganz unschuldig ihren Lauf. »Ich war in großer Eile unterwegs zum Flughafen, weil ich dachte, Patrick, einer meiner Studenten, wolle die Uni aufgeben und die Stadt verlassen. Ich engagiere mich bei vielen meiner Studenten sehr, aber Patrick war etwas Besonderes für mich. Ich habe eine Menge Zeit und Energie in ihn investiert.« Gary erzählte mir, daß er gerade darüber nachgedacht hätte, was er Patrick am Flughafen sagen wollte, während er nebenbei die Hotels und Restaurants betrachtete, die die Straße zum Flughafen säumten. Sein Auge fing das Bild eines ihm vertrauten Wagens auf dem Parkplatz vor einem Motel auf. Das Auto gehörte Annie, seiner Frau.

»Ich hab's nie bis zum Flughafen geschafft. Den Rest des Tages und einen Großteil der Nacht habe ich damit zugebracht, alleine rumzufahren und das Bild, das ich gesehen hatte, zu verscheuchen. Ich wollte nur noch vergessen, daß ich Annie in den Armen eines fremden Mannes gesehen hatte.« Obwohl die Begegnung vor dem Motel sechs Monate zurücklag, war Garys Schmerz noch frisch und tief.

Er kreuzte die Arme über dem Kissen und seufzte. »Annie sagte mir, sie hätte die Einsamkeit einfach nicht mehr ertragen. Darum hat sie sich diesem anderen Kerl zugewandt. Bei ihm hat sie das Gefühl, wichtig zu sein. Sie sagt, daß ich ihr das Gefühl gebe, einfach nur ein Teil meiner Zuhörerschaft zu sein. Wörtlich sagte sie: ›Ich bin es leid, hier an der Seite zu stehen, zu klatschen und zu hoffen, daß du mich bemerkst.‹«

»Ich verstehe einfach nicht, was sie von mir will«, klagte Gary. »Sie erkennt einfach nicht an, was ich alles für sie tue. Ich glaube, ich bin ihr ein guter Ehemann. Ich habe sie nie betrogen, und ich versorge sie gut. Was ist mit den ganzen zusätzlichen Engagements, die ich angenommen habe, damit wir uns das neue Haus leisten konnten? Sie sagt dauernd, daß sie mehr braucht, aber ich weiß nicht, was. Es ist ja nicht so, als ob ich sie nicht beachten würde. Ich nehme sie zu vielen von den Konferenzen und Veranstaltungen mit, bei denen ich spreche. Ich verstehe nicht, warum sie so muffig ist. Keine ihrer Freundinnen kommt so viel herum wie sie. Deren Männer reisen alle beruflich viel weniger als ich.«

Erlöser glauben fälschlicherweise, daß Vertrautheit mit einem anderen Menschen darauf beruht, ihn zu versorgen oder an den eigenen süchtigen Aktivitäten zu beteiligen. Gary hatte nicht die leiseste Ahnung, was seine Frau von ihm wollte, als sie ihn um mehr Nähe und Vertrautheit bat. Er dachte, daß sie bereits auf einer intimen Ebene miteinander umgingen, wenn er ihr erlaubte, ihm dabei zuzuschauen, wie er seine Erlöser-Rolle ausübte. Er wies darauf hin, wie oft Annie ihm bereits bei Ansprachen vor großem Publikum habe lauschen können, und zählte die Städte auf, in die sie ihm als Fan hatte folgen dürfen. Das schien ihm ausreichender Beweis für die Tiefe ihres Austauschs.

Wie die anderen Erlöser-Typen auch, versuchen Lehrer durch die Rolle des Versorgers ein Gefühl von Wert und Kontrolle zu erringen. Erlöser-Lehrer fühlen sich am wohlsten, wenn sie vor einer Gruppe von Leuten stehen, entweder in Gestalt irgendeines Anführers oder in der Rolle als Darsteller. Wenn die Energie zwischen dem Lehrer und dem Publikum fließt, ist der Lehrer auf den Puls der Menge eingestimmt. Nach einer Darbietung, einer Predigt oder einem Konzert stellt sich bei ihm oft ein Gefühl von Verjüngung ein. Es fällt ihm leicht, sich tief auf den Gruppenprozeß einer Sonntagsschulklasse, einer Einsatzgruppe oder einer Therapiegruppe einzulassen. Ein Grund dafür, daß Lehrer so mit der Energie und der Reaktion einer Gruppe verbunden sind, ist der Grad ihrer Abhängigkeit von der Zustimmung der Gruppe. Was könnte aufregender sein als der Jubel einer Menge? Die Bewunderung einer Gruppe von Menschen kann dem Lehrer gewiß dabei helfen zu glauben, daß er etwas Besonderes sei – jedenfalls solange der Applaus anhält. Lehrer merken, daß sie stets nach weiteren öffentlichen Auftritten hungern. Andere Erlöser-Typen erhalten ihre Belohnungen auf der Basis von eins zu eins. Lehrer dagegen spielen ihre Rolle vor großem Publikum

und bekommen eine entsprechend größere Rückmeldung. Dabei wird die intensive Wechselwirkung zwischen dem Lehrer und der Gruupe fälschlicherweise oft für Vertrautheit gehalten. Die Erregung der Menge kann dem Lehrer ein falsches Gefühl von Nähe vermitteln. Zwar kann er das Leben vieler anderer beeinflussen, aber niemand hat die Möglichkeit zu echter Vertrautheit mit einem Erlöser-Lehrer.
Gary hat jeden seiner Tage mit dem Bestreben gefüllt, vor einer großen Zahl von Menschen aufzutreten, und ist darüber taub für das Bedürfnis nach Vertrautheit in seinem Leben geworden. Er genoß die Scheinwerfer nicht nur, er brauchte sie auch, um sich als jemand Besonderes zu fühlen. Gary hatte nicht viel Zeit für seine Frau und seine Familie. Seine Geschichte ist nicht ungewöhnlich. Wir können dieses Muster bei vielen Persönlichkeiten des öffentlichen Lebens finden, die diesem den Vorrang geben vor ihrem Privatleben – bei Politikern, Missionaren, Unterhaltungskünstlern. Wenn erst deutlich ist, daß der Lehrer durch ein tiefes Bedürfnis nach Anerkennung dazu bewegt wird, ein solches Leben zu führen, wird auch klar, warum er die Familie vernachlässigt. Wie sollte denn die Forderung des Ehepartners, man solle sich verletzlich zeigen, mit dem Jubel der Menge konkurrieren können? Wie schneidet die Gelegenheit, mit einem Zehnjährigen zu spielen oder dem Geschnatter eines Teenagers zu lauschen, wohl im Vergleich mit der Bewunderung eines hingerissenen Publikums ab? Lehrer mögen sich selbst vormachen, da sei eine Aufgabe zu erledigen, eine Predigt zu halten, eine Rede vorzutragen oder Geld zu verdienen, aber hinter dieser Selbsttäuschung steht eine Sucht, die auf dem Bedürfnis beruht, ein Gefühl von Selbstwert zu erringen, und die Angst vor echter Vertrautheit.

Wie die Erlöser-Falle andere verletzt

Erlöser sind geblendet von ihrer Sucht und wollen glauben, daß sie anderen helfen. Dummerweise werden andere aber durch die Hilfssüchtigen nicht unterstützt, sondern verletzt. Die erste Seite der Erlöser-Falle erzeugt Gefühle von Hilflosigkeit. Daraus ergibt sich, daß Erlöser angeregt werden, das Leben anderer Menschen zu kontrollieren. Diejenigen, die der Erlöser zu heilen versucht, werden verstümmelt, die, denen er »hilft«, werden von ihm behindert.

Die zweite Seite der Erlöser-Falle untergräbt die Selbstachtung. In dem Versuch, das Gefühl von Wertlosigkeit zu bekämpfen, unterhöhlt der Erlöser die Selbstachtung der anderen. Der Erlöser kann nicht geben, was er nicht hat – und Erlöser haben keine sehr hohe Selbstachtung.

Wenn du in der Erlöser-Falle gefangen bist, ist es zum Wohle anderer entscheidend wichtig, daß du dich dem Schaden stellst, den du unabsichtlich anrichtest. Förderst du unter dem Vorwand, andere zu beglücken, unehrliche Beziehungen? Vielleicht begünstigst du Abhängigkeitsgefühle bei anderen oder ermutigst sie zur Verantwortungslosigkeit. Bist du manchmal wütend auf Menschen, mit denen du zusammenarbeitest, weil sie dabei nicht genug Hingabe aufbringen? Könnte es sein, daß dein Zorn auf den Lügen der Erlöser-Falle beruht und daß du dich darüber ärgerst, daß die anderen nicht diesen Lügen aufsitzen? Versuchst du andere dadurch zu beschützen, daß du die Wahrheit vor ihnen verbirgst? Oder vielleicht Vertrauen mißbrauchst? Versteckst du dich vor Vertrautheit, indem du andere dazu bringst, sich zu öffnen, oder selbst vor großen Gruppen auftrittst?

Ich gebe zu, daß es nicht einfach ist, sich diesen Fragen zu stellen. Aber bis du dich aus der Erlöser-Falle mit ihrem Suchtverhalten und ihren Täuschungen freimachst, wirst du denen wehtun, denen du helfen willst, und die im Stich lassen, die du in die Arme nehmen willst.

7 Wie man der Erlöser-Falle entkommt

»Ich kann sehen, wie ich mir selbst und anderen damit wehtue, den Erlöser zu spielen. Ich möchte davon loskommen, aber ich weiß einfach nicht wie. Ich fühle mich so … gefangen.«

Paul

Bisher habe ich von der Erlöser-Falle als von etwas gesprochen, das den Erlöser im Griff hat. Nun ist es Zeit einzugestehen, daß es der Erlöser selbst ist, der an der Erlöser-Falle festhält. Der Erlöser klammert sich an diese verzerrte Sicht der Realität mit ihrem leeren Versprechen von Macht und Selbstwertgefühl. Es kann Angst machen, die Lügen der Erlöser-Falle loszulassen und nach etwas anderem zu greifen. Auch wenn deine Hände sich öffnen und die Lügen freigeben, an die du vielleicht ein ganzes Leben geglaubt hast, gibt es keine Garantie, daß du nun die Wahrheit zu packen bekommen wirst. Es ist auf alle Fälle ein Risiko damit verbunden, die Erlöser-Falle loszulassen; das läßt sich nicht leugnen. Aber ich möchte dir zureden, dieses Risiko einzugehen.

Gib zu, daß du in der Erlöser-Falle gefangen bist

Der erste Schritt, um die Erlöser-Falle loszulassen, ist, zuzugeben, daß du in ihrem festen Griff gefangen bist. Ich erinnere mich daran, wie schwer es mir erst einzugestehen fiel, daß ich hilfssüchtig war. Und das war nicht nur damals schwer, sondern das ist gelegentlich auch heute noch so. Wenn ich Menschen von meiner Sucht erzähle, werden ihre Augen oft abweisend. Dann spüre ich, daß sie nicht mehr darüber hören wollen. Ich vermute, daß ihre Reaktion zum Teil mit der Art von Sucht zu tun hat, mit der wir Erlöser kämpfen.
Die Sucht zu helfen ist so weit verbreitet und doch eines der

Probleme, über die wenig gesprochen wird. Wenn ich süchtig nach Drogen oder Alkohol wäre, könnte ich bei Gruppen wie den Anonymen Alkoholikern oder den Drogenprogrammen Unterstützung finden. Und auch wenn es um Eßsucht, Spielsucht oder sexuelle Sucht ginge, gäbe es Menschen, die mein Problem sehen und verstehen könnten und mir helfen würden, davon loszukommen. Aber es gibt keine Gruppen von Anonymen Erlösern, an die wir Erlöser uns wenden könnten. Warum nicht? Wir sind zu sehr damit beschäftigt, so zu tun, als hätten wir keine Probleme, und uns mit der Sucht anderer zu befassen, als daß wir uns unserer eigenen stellen und uns gegenseitig echte Hilfe anbieten könnten.

Bitte um Hilfe

Der nächste Schritt aus der Erlöser-Falle heißt, Hilfe zu suchen. Erlöser versuchen unweigerlich, allein mit ihren Problemen fertig zu werden. Aber ich warne dich: *Ich habe noch nie erlebt, daß ein Erlöser die Falle ohne Unterstützung losgelassen hätte.* Mit dieser Sucht kannst du allein nicht erfolgreich umgehen.

Warum ist es so schwierig, um Hilfe zu bitten?

Um Hilfe zu bitten ist für einen Erlöser eine der schwierigsten Aufgaben. Erlöser sind verletzt worden. Sie haben vertraut und sind betrogen worden. Nun stecken sie in ihren Erlöser-Rüstungen und versuchen mit aller Kraft zu verhindern, daß diese schmerzhaften Erfahrungen sich wiederholen.

Erlöser versuchen, einer neuerlichen Verletzung beispielsweise dadurch aus dem Weg zu gehen, daß sie so tun, als hätte man ihnen überhaupt nicht wehgetan. Sie geben vor, stark zu sein, ein bißchen besser als die anderen, irgendwie vor den Angriffen des Lebens geschützt. Wenn man an die Lügen der Erlöser-Falle glaubt, dann ist man der Überzeugung, daß man selbst am besten, daß man überhaupt *der einzige Mensch* ist, der mit einer besonders schwierigen Situation gut fertig werden kann. Wer wird für die Menschen in

meinem Leben sorgen, wenn ich es nicht tue? Wenn man in der Erlöser-Falle sitzt, ist man überzeugt, daß man sich auf niemanden als sich selbst verlassen kann.
Da die Erlöser-Falle einen dazu verleitet zu glauben, daß nur man selbst vertrauenswürdig und kompetent ist, bleibt einem niemand, an den man sich wenden könnte, wenn man Hilfe braucht. Warum sollte man jemandem, den man für weniger fähig hält, das Leben zu meistern, die eigenen Schwächen und Ängste anvertrauen? Es kann einsam und beängstigend, sogar furchterregend sein, ein Erlöser in Not zu sein. Denn Erlöser glauben, daß es keine Arme gibt, die stark genug wären, sie zu halten, wenn sie weinen, niemanden, der weise genug wäre, sie durch die innere Düsternis zu leiten, kein Herz so geduldig, daß es sie auf ihrer langen und stürmischen Reise begleiten könnte.

Überempfänglich für Schuldgefühle

Erlöser fühlen sich für fast alles schuldig.
Zwar können Erlöser sehr mitfühlend mit den Fehlern anderer umgehen, aber von sich selbst verlangen sie nie weniger als Vollkommenheit. Ich habe Erlöser oft sagen hören, daß sie an sich selbst aufgrund ihrer »Position« (Lehrer, Pfarrer, Therapeut usw.) »höhere« Maßstäbe anlegen. Das Ergebnis dieses unrealistischen Maßstabs für Erfolg (nach dem sie so tun, als seien sie Götter) ist, daß Erlöser große Schwierigkeiten haben, den tatsächlichen Schweregrad ihrer Vergehen zu beurteilen. Erlöser können mit sich selbst ungewöhnlich hart sein, wenn sie ihren eigenen Ansprüchen an Vollkommenheit nicht genügen. Sie spielen Staatsanwalt, Richter und Geschworene in einer Person und gestehen sich selten einen Verteidiger zu, so daß sie sich selbst natürlich oft für »schuldig« befinden.
Sollte es einem Erlöser gelingen, das erste Hindernis auf dem Weg zur Hilfe zu überwinden und schließlich einem anderen Menschen zuzutrauen, daß dieser sich um ihn kümmern kann, dann drohen ihn als nächstes diese Schuldgefühle wieder in stummes Leiden zurückzuwerfen. Warum sollte man einem anderen Menschen eingestehen, wie häßlich und voller Fehler man ist? Als Erlöser sind wir sicher,

daß die anderen sich entsetzt von uns zurückziehen würden, wenn sie die bösen Phantasien kennen würden, die uns durch den Kopf gehen, die verbotenen Impulse, die wir so verzweifelt unter Kontrolle zu halten versuchen, und die beunruhigenden Gefühle, die wir uns zu unterdrücken bemühen. Erlöser quälen sich wegen unbedeutender Vergehen, wie daß sie eine Viertelstunde zu spät zu einer Verabredung gekommen sind oder einen Anruf nicht erwidert haben. Wieviel Offenheit kann man dann erwarten, wenn es darum geht, die wahrhaft dunklen Seiten ihres Lebens zu enthüllen?

Überempfänglich für Schamgefühle

Scham ist im Gegensatz zu Schuld das Gefühl, daß wir selbst, und nicht nur unser Verhalten, unannehmbar sind. Es ist ein tiefes und primitives Gefühl, das von ganz einfachen Vorfällen ausgelöst werden kann: Wir stehen in einem Zimmer voller Menschen, die über einen Witz lachen, den wir nicht verstanden haben, oder stellen plötzlich fest, daß wir mit offenem Hosenladen herumgelaufen sind. Scham ist das Gefühl, das in uns aufsteigt, wenn wir ein Wort falsch aussprechen, die Suppe aufs Kinn kleckern oder einen gewaltigen Nieser loslassen und kein Taschentuch zur Hand haben. Jede dieser alltäglichen Erfahrungen kann uns zu dem Wunsch veranlassen, uns in einer Höhle verkriechen und verstecken zu wollen. Scham überfällt uns mit Wellen der Erniedrigung und Gefühlen von Unzulänglichkeit. Wir sind einfach nicht gut genug.

Nichts ist für einen Erlöser erniedrigender als zugeben zu müsssen, daß er, aus welchen Gründen auch immer, nicht in der Lage ist, sich angemessen um jemand anderen zu kümmern. Was könnte einen Beglücker mehr verunsichern als festzustellen, daß seine Handlungen einen anderen unglücklich gemacht haben? Was könnte einem Schenker mehr Verlegenheit bereiten, als nicht in der Lage zu sein, einer Bitte um finanzielle Unterstützung nachzukommen? Wenn einem anderen Menschen Schmerz zugefügt wird und die Erlöser sie weder schützen noch retten können, leiden sie Qualen. Berater beginnen zu stottern und zu stammeln, wenn ein Klient sie mit einem so verzwickten Problem konfrontiert, daß sie es nicht entwirren können. Ein Lehrer schwört sich vielleicht, nie wieder vor eine

Gruppe zu treten, wenn ein kluger Kopf unter seinen Schülern mit Fragen kommt, auf die der Erlöser keine Antwort hat. Und Kreuzritter begraben sich in Schande, wenn wieder mal ein Kreuzzug vergeblich war.
Die Gefühle der Erlöser gehen in solchen Momenten über Empfindungen von Schuld hinaus. Der innere Richter verkündet, nicht nur die Handlungen des Erlösers seien schlecht, der Erlöser selbst habe zudem als Mensch versagt. Die Gefühle von Scham schieben ihn immer tiefer in die Erlöser-Falle, und die Angst vor Bloßstellung, Erniedrigung und Ablehnung wird überwältigend.

Warum ist es so wichtig, um Hilfe zu bitten?

Da diese quälenden und überwältigenden Gefühle von Angst, Schuld und Scham so leicht ausgelöst werden können, ist es sehr verständlich, daß es einem Erlöser widerstrebt, sich anderen gegenüber verletzbar zu zeigen. An dieser Stelle mag die Versuchung recht groß sein, das Buch wegzulegen und dir selbst zu sagen, daß du in der Lage bist, allein mit deinen Problemen fertig zu werden. Schließlich hast du ja die Dinge im Leben all der anderen Menschen um dich herum auf die Reihe gebracht, da kann es doch wohl nicht so schwierig sein, eine so kleine Angelegenheit wie die Erlöser-Falle zu bewältigen? Warum ist es wichtig und sogar notwendig, daß du dich auf die Suche nach Hilfe begibst?

Jetzt bist du dran

Um diese Frage zu beantworten, sollten wir uns noch einmal die beiden Lügen der Erlöser-Falle anschauen. Wie du weißt, bestätigt die Erlöser-Falle zwei widersprüchliche Glaubenssätze – 1. Seite: »Wenn ich es nicht tue, wird es nicht getan«, und 2. Seite: »Die Bedürfnisse aller anderen haben Vorrang vor meinen eigenen«. Wenn du in der Erlöser-Falle steckst, fühlst du dich von allen anderen Menschen getrennt. Einerseits bist du überlegen und mächtiger, andererseits bist du unwichtig und kommst bestenfalls an

letzter Stelle. Erlöser fühlen sich abwechselnd besser und schlechter als alle anderen, sehen zu manchen herauf und auf andere hinab. Erlöser stehen anderen Menschen nie als Gleiche Auge in Auge gegenüber.
Will man die Erlöser-Falle loslassen, gehört dazu als unerläßlicher Bestandteil, Gemeinsamkeit mit anderen herzustellen. Du mußt mindestens einem anderen Menschen sagen können: »Ich bin genau wie du, nicht besser und nicht schlechter.« Der Erlöser muß sowohl ein überzogenes Gefühl von Macht wie eine übertriebene Vorstellung von Schwäche aufgeben. Du mußt nicht mehr warten, bis alle anderen zufrieden sind. Du hast lange genug gewartet. Jetzt bist du dran.

Du brauchst Hilfe

Ein zweiter Grund dafür, daß es für dich so wichtig ist, Hilfe zu suchen, ist einfach der, daß du sie *brauchst.* Wenn du in der Erlöser-Falle gefangen bist, ringst du mit einer Sucht. Wenn du die Erlöser-Falle losläßt, läßt du auch deine Art los, die Welt und dich selbst in ihr zu sehen. Das ist keine leichte Aufgabe. Du fängst vielleicht an, all das, was du einst für wahr gehalten hast, in Frage zu stellen – deine Identität, die Art und Weise, in der du deine Beziehungen geführt hast, deine Berufswahl und deine spirituellen Glaubenssätze. Möglicherweise betrachtest du noch einmal deine Kindheit, was dich Erinnerungen und Gefühlen aussetzen könnte, denen du ein ganzes Leben lang aus dem Weg zu gehen versucht hast. Da können auch Gefühle ausgelöst werden, die zu beängstigend und verwirrend sind, als daß man sich ihnen alleine stellen könnte.

Du verdienst Hilfe

Du *brauchst* nicht nur Hilfe, sondern du *verdienst* sie auch. Dadurch, daß du jemanden um Unterstützung bittest, erklärst du deinen eigenen Wert. Erlöser sind wichtig genug, um Zeit, Aufmerksamkeit und zärtliche, liebevolle Fürsorge zu beanspruchen. Deine Geschichte ist es schon deswegen wert, gehört zu werden, weil es deine ist. Jeder von uns hat eine Geschichte von Mut, Würde, Trauer und Siegen. Wenn wir unsere Geschichte erzählen, behandeln wir uns selbst als die wertvollen Geschöpfe, die wir sind, und gehen daraus mit einem tieferen Gespür für unser gemeinsames Menschsein und unseren Wert hervor.

Wen kannst du um Hilfe bitten?

Ich habe festgestellt, daß die günstigste Voraussetzung dafür, die Erlöser-Falle loslassen zu können, eine Kombination von Einzelberatung und einer Selbsthilfegruppe (einer Art »Anonyme Erlöser«) ist. Beide sind aus unterschiedlichen Gründen hilfreich und wichtig. Die Einzelberatung ist besonders in der Anfangsphase sehr wertvoll. Erlöser müssen sehr private, verschlossene Räume entdecken, die vielleicht nicht auf der Landkarte verzeichnet sind, die du durch deine Familie, deine Freunde oder deine beruflichen Ausbildung bekommen hast. Du wirst ganz von vorne anfangen müssen und vielleicht Dinge entdecken, von denen du nie gedacht hättest, daß es sie gibt. Da ist es besonders hilfreich, einen guten Psychotherapeuten oder spirituellen Führer zu haben, der dir dabei helfen kann, dich durch dieses unbekannte Gelände zu bewegen.
Zusätzlich zur Einzelberatung haben sich Selbsthilfegruppen als unbezahlbar erwiesen. In der Einzelberatung bekommst du individuelle Zuwendung, während du die Lügen der Erlöser-Falle abschüttelst. In der Gruppe *erfährst* du die Gemeinsamkeit mit anderen Menschen. Die Gruppe ermöglicht es dir, aus erster Hand zu erfahren, wie es ist, ein Gleichgestellter zu sein, jemand von gleichem Wert und gleicher Macht. Mit anderen Erlösern zusammen zu sein, kann für einen Erlöser eine der befreiendsten Erfahrungen überhaupt sein. Wenn du es nicht gewohnt bist, mit anderen zusammen zu sein, die genauso fühlen und handeln wie du selbst, kann das auch eine Menge Angst hervorrufen. Es ist durchaus üblich, daß man sich dann ganz »gewöhnlich« vorkommt, wenn man andere beschreiben hört, wie belastet sie sich von den Sorgen der Welt fühlen.
An einer Selbsthilfegruppe teilzunehmen, hilft dem Erlöser, seine falschen Vorstellungen von Macht und Wert aufzuarbeiten – man

braucht nicht anders zu sein, um wertvoll zu sein. (Genaue Hinweise, wie man einen Therapeuten suchen und eine Gruppe aufbauen kann, werden im Anhang gegeben: »Wie du die Hilfe findest, die du brauchst«, S. 141.)

Gehe das Risiko einer Heilung ein

Mach dir nicht vor, daß die Reise, die du antreten mußt, um dich von den Lügen der Erlöser-Falle zu befreien, leicht werden würde. Sie kann voller Gefühle sein, von denen du gar nicht wußtest, daß du sie empfinden konntest, mehr Schmerz mit sich bringen, als du ertragen zu können glaubst, mehr Verwirrung, als du zu entwirren hoffen kannst und mehr Isolierung als auszuhalten ist. Aber wenn du die Erlöser-Falle losläßt, wirst du zum ersten Mal frei sein, deine Freiheit, deinen eigenen Wert und die Freuden der Vertrautheit in dich aufzunehmen. Die Reise zur Heilung bringt mindestens die folgenden sieben Aufgaben mit sich:

1. Erkenne dein Bedürfnis nach spiritueller Unterstützung an.
2. Wirke an dem Prozeß des Wachstums mit.
3. Kümmere dich um deine innere Arbeit.
4. Höre dem verletzten Kind in dir zu.
5. Erkenne deine eigenen Bedürfnisse und Wünsche.
6. Gestehe dir ein, welchen Schaden du anderen zugefügt hast.
7. Lerne, Liebe und Fürsorge anzunehmen.

1. Erkenne dein Bedürfnis nach spiritueller Unterstützung an

Daniel verteidigte die Lügen der Erlöser-Falle nach bester Anwaltsart: »Da bin ich anderer Ansicht. Ich glaube, daß ich sehr wohl für das Wohlergehen der Menschen um mich herum verantwortlich bin und auch dafür, etwas gegen die Ungerechtigkeit zu tun, die ich sehe.«

Erlöser werden, wie Daniel, deswegen ein Opfer der Falle, weil ihre Lügen auch ein Körnchen Wahrheit enthalten. Ja, als Mitglieder der menschlichen Gemeinschaft sind wir füreinander verantwortlich – dafür, einander mit Würde zu behandeln, die Verletzbareren zu schützen und den Bedürftigen zu helfen. Aber die Erlöser-Falle setzt den *Grad* unserer Verantwortung zu hoch an (1. Seite) und den unseres eigenen Wertes zu niedrig (2. Seite).

Bei meinem Ringen darum, die erste Seite der Erlöser-Falle loszulassen, kam mir oft die Angst davor in den Weg, was geschehen würde, wenn ich aufhörte, den Erlöser zu spielen. Bei dem enormen Verantwortungsgefühl, das ich mit mir herumschleppte, hätte man meinen können, die ganze menschliche Rasse würde unter einer Änderung der kosmischen Ordnung zu leiden haben, wenn ich anfing »loszulassen«. Zu meiner großen Erleichterung (und, ich gebe es zu, auch zu meiner Enttäuschung) blieb diese intergalaktische Erschütterung aus. Die Tatsache, daß ich meinen Erlöserpflichten nicht mehr nachkam, fand nicht einmal in den Lokalzeitungen Erwähnung. (Oder sollte es *dir* etwa aufgefallen sein?) Die Auswirkungen zeigten sich vornehmlich in meinem eigenen Leben, als die Ketten der Erlöser-Falle, die Herz und Hände gefesselt hatten, sich zu lockern begannen. Tatsache ist, so leid mir das tut, daß wir nicht unabkömmlich sind.

»Aber sie brauchen mich!« beharrte Daniel, wenn er auch vorübergehend die Fassung verlor und ihm Tränen in die Augen stiegen. Ich konnte den Schmerz, der Daniels wohlgeübte Abwehr durchbrach, nachvollziehen. Ich habe noch nie größeres Leid erfahren als das, was daraus entstanden ist, daß ich mich meinen eigenen Begrenzungen gestellt habe. Kein anderer Verlust, keine andere Verletzung ist damit vergleichbar. Was kann qualvoller sein, als alles, was man hat, in die Sorge für andere zu stecken und dann zu erkennen, daß dieses Opfer unzulänglich ist? Haben Erlöser nicht gelitten, wenn sie einen Anruf aus der Unfallklinik bekamen, daß es ihrem Klienten schließlich doch gelungen war, sich umzubringen? Wälzen sich Erlöser nicht schlaflos im Bett herum, wenn sie an die verletzbaren Kinder denken, die unter den Mißhandlungen der Eltern und des »Systems« leiden? Wie kann man innerlich ruhig sein, wenn sich allen Hilfsaktionen zum Trotz der Hunger auf der Welt weiter ausbreitet und die Gefahr eines Atomkriegs auch im Angesicht hingebungsvoller Friedensarbeit noch steigt? Erlöser sind dauernd mit den Begrenzungen der Menschen konfrontiert, und sie werden auf grausame Weise von der Erlöser-Falle geneckt, die ihnen falsche Hoffnungen macht in bezug auf ihre eigene Macht. Erlöser verfügen nicht über die Fähigkeit, andere Menschen zu retten.

Es ist Zeit, dieses Trugbild wegzuwischen, Zeit, um über all die Kinder, die alten Menschen, die Kranken, die Hungrigen, die Obdachlosen und die Bedürftigen zu trauern, die wir nie werden retten können. Erlöser können nicht verhindern, daß Väter saufen, Mütter Brustkrebs bekommen, Brüder im Krieg fallen, Schwestern vergewaltigt werden oder Kinder Drogen mißbrauchen. Es steht einfach nicht in unserer Macht.

Es steht nicht nur nicht in unserer Macht, andere Menschen zu retten, wir haben nicht einmal die Macht, uns selbst zu retten. Als Kinder waren wir nicht in der Lage, uns selbst vor Verletzungen zu schützen. Als wir älter wurden, haben wir nicht verhindern können, daß wir den Lügen der Erlöser-Falle anheimfielen. Erlöser sind genauso von Gewalt, Krieg, Krankheit, geistiger Not, Verlust und Einsamkeit bedroht wie alle anderen Menschen auch. So zu tun, als habe man viel Macht, verleiht sie einem noch nicht.

Bleibt man denn ganz ohne Hoffnung, wenn man die falsche Hoffnung abwirft, die die Erlöser-Falle einem bietet?

»Ich habe richtig Angst.« Daniel sah mich mit großen Kinderaugen an. »Ich hätte nie gedacht, daß es so schmerzhaft sein würde, die Erlöser-Falle loszulassen. Ich kann damit nicht allein fertig werden, dazu fehlt es mir an Kraft.« Er stand auf und ging zum Fenster hinüber. Seine Hände waren tief in die Taschen versenkt, er lehnte sich an die Wand und starrte hinaus wie ein kleiner Junge, der darauf wartet, daß jemand ihn abholt und nach Hause bringt. »Es ist mir peinlich, das zu sagen, aber ich merke, daß ich immer, wenn ich allein bin, mit Gott zu sprechen versuche. Ich habe nicht mehr gebetet, seit ich ein kleiner Junge war. Es kommt mir so ... irgendwie albern vor.«

»Ich finde das überhaupt nicht albern«, antwortete ich. »Jeder von uns kommt gelegentlich an einen Punkt im Leben, wo wir erkennen, daß wir nicht groß und stark genug sind, um zu bestehen.« Meine Gedanken gingen zu den Nächten zurück, in denen meine Verzweiflung so groß gewesen war, daß mich keine menschliche Hand mehr trösten konnte. Aber ich erinnerte mich an Verse aus den Psalmen wie »Sei ruhig und wisse, daß ich der Herr, dein Gott bin« oder »In

meiner Not rief ich zum Herrn, und Er errettete mich aus meinen Ängsten.« Und ich gestand Daniel ein: »Ich habe auch solche Momente erlebt wie du sie jetzt durchmachst, Daniel, und ich habe festgestellt, daß ich nicht allein bin. Gott war immer bei mir.«
Eine Welle des Friedens glitt über Daniels Gesicht. »Ja. Das habe ich auch schon gespürt. Ich habe nur Angst gehabt, darauf zu vertrauen, daß Gott wirklich auch für mich da ist.« Ein vorsichtiges Lächeln umspielte seine Lippen. »Meinst du, ich bräuchte nicht mehr so zu tun, als ob ich die Kontrolle über die Welt hätte?«
Ich lächelte zustimmend zurück.
Ein Lachen machte sich auf Daniels Gesicht breit, und er begann, mich zu necken: »Was kann man denn nach der Rolle als Gott noch für eine Zugabe geben?«
Ich grinste. »Du bist jetzt frei, dein eigenes Drehbuch zu schreiben, Daniel. Du machst dich gerade los.«

2. Wirke an dem Prozeß des Wachstums mit

Die Frau, die mir gegenübersaß, hatte nur noch entfernte Ähnlichkeit mit der Elizabeth, die ich ein paar Monate zuvor kennengelernt hatte. Ihr rotes Haar hing ihr strähnig ins Gesicht. Leise flüsterte sie: »Ich habe alles getan, was ich tun kann, und es ist nicht genug. Ich fühle mich so überwältigt und geschlagen.« Sie starrte durchs Zimmer auf ein für mich unsichtbares Bild. »Dauernd habe ich diesen Drang, einfach wegzulaufen und mich an einem stillen Ort zu verstecken.«
»Was hindert dich daran, Elizabeth?« fragte ich sanft.
Sie drehte erstaunt den Kopf in meine Richtung. »du willst, daß ich weglaufe? Ich habe doch diese ganze Verantwortung und so viel zu tun.« Mit müden Händen fuhr sie sich durchs Haar. »Ich wollte, jemand würde mir sagen, was ich tun soll. Ich bin so durcheinander, und ich finde keine Antworten mehr.«
»Du weißt genau, was zu tun ist, Elizabeth«, lautete meine Antwort. »Du hast dir eben selbst gesagt, was als nächstes zu tun ist.«
Ihr Gesicht verzog sich vor Verzweiflung. Sie bellte zurück: »Spiel keine Spielchen mit mir. Ich habe dir gerade gesagt, daß ich durcheinander bin.«
»Was du mir gerade gesagt hast«, hakte ich nach, »ist, daß du eine

Botschaft von deinem inneren Selbst bekommen hast, daß du aufhören sollst, den Erlöser zu spielen. Es ist an der Zeit, nicht länger so zu tun, als wärst du unabkömmlich. Dein Drang, allein sein zu wollen und deine Ruhe zu haben, entspringt deiner inneren Führung. Vertrau dir selbst, Elizabeth. Hör zu.«

Wir saßen schweigend beieinander, und ich dachte an die Entscheidungen, die ich selbst sowie Freunde und Klienten auf ihrer Reise getroffen hatten. Zugegebenermaßen gibt es Zeiten, in denen es mehr Probleme als Antworten, mehr Schmerz als Trost und mehr Verwirrung als klare Sicht gibt. Aber inmitten der einander übertönenden Stimmen und widersprüchlichen Ratschläge habe ich eine innere Botschaft erkennen gelernt, die uns auf den nächsten Schritt verweist. Um diese Botschaft verstehen und angemessen auf sie reagieren zu können, müssen wir zunächst unbedingt wissen, wo sie herkommt.

Da wir von einem Wesen geschaffen wurden, das eine Beziehung mit uns wünscht, kommt die Entdeckung, daß wir uns nach Vertrautheit miteinander, mit uns selbst und mit Gott sehnen, nicht überraschend. Wir alle erfahren unterschiedlich ausgeprägte Formen von Entfremdung und Trennung. In der heutigen Gesellschaft sind viele Menschen so von ihrem spirituellen Selbst abgeschnitten, daß sie nicht nur die Existenz Gottes leugnen, sondern sogar, daß es überhaupt ein Reich der Spiritualität gibt. Viele andere erkennen irgendeinen Aspekt ihres spirituellen Selbst an, verlieren sich aber in philosophischen Systemen, die das Göttliche seines persönlichen Charakters berauben. Diese Menschen sehen Gott als eine Energie, als Ausweitung eines ausschließlich mechanistischen, naturgeschichtlichen Universums. Ich habe in meinem eigenen Leben und in dem meiner Freunde und Klienten wiederholt bemerkt, daß das Lauschen auf unser inneres Selbst, auf die kleine Stimme in uns, uns langsam aber sicher zu einer Erfahrung von Heilwerden und zu einer tieferen Beziehung mit uns selbst und mit einem personalen Wesen führt, das uns liebt. Diese Sehnsucht nach Vertrautheit und Ganzheit narrt uns nicht und führt uns nicht in die Irre, sie leitet uns vielmehr auf eine Wiedervereinigung zu. Es ist eine Führung, der wir vertrauen können, weil Gott vertrauenswürdig ist. Unsere Aufgabe besteht darin, an diesem Prozeß des Wachstums mitzuwirken und auf die inneren Botschaften zu hören.

Die können uns auf vielerlei Weise erreichen. Manchmal erhalten wir in einem Traum oder bei einer Visualisation während der Meditation ein Zeichen. Manche Menschen fühlen sich durch ein Gebet oder beim Lesen in der Bibel »geführt«. Wieder andere erleben in der Therapie Momente der Einsicht.
Wir überhören diese Botschaften jedoch oft, weil wir zu wenig Vertrauen in uns selbst und in den Prozeß des Wachstums haben. Die Gesellschaft im allgemeinen und sogar manche christlichen Kreise begrenzen Wahrheit auf das, was durch rationalistische und logische Gedankenführung erkannt werden kann. Folglich verpassen diese Menschen die Botschaften, die Gott ihnen jeden Tag in Form von Bildern, Impulsen und Gefühlen sendet. Sie ignorieren die Botschaften in ihren Träumen, die Bilder der Hoffnung, der Problemklärung, der Richtungsfindung.
Eine andere Art, nicht an dem Prozeß des Wachstums mitzuwirken, besteht darin, die Botschaften, die wir von Gott und vom inneren Selbst erhalten, falsch zu deuten. Da unser Unbewußtes uns Signale senden will, ist es häufig so, daß Botschaften mit Aktivitäten und Erfahrungen verknüpft sind, denen unsere Aufmerksamkeit gewiß ist. Ein Beispiel dafür ist der Ehemann, der sich intensiv zu einer anderen Frau hingezogen fühlt. Sie scheint bei ihm großes Verlangen auszulösen, ihn wach und lebendig zu machen bei der Vorstellung von sexueller und emotionaler Vertrautheit. Vielleicht gibt er diesem Drang nach und beginnt eine Affäre mit ihr, vielleicht schiebt er sein verbotenes Verlangen weit von sich. Welche dieser Entscheidungen er auch trifft, beide zeigen, daß dieser Mann die innere Botschaft falsch deutet, die ihn auffordert, in sich hineinzuschauen. Er kann dabei aufgerufen sein, sich den unterschiedlichsten Fragen zu stellen. Vielleicht muß er seine Fähigkeit ausbauen, sich nähren und stärken zu lassen, vielleicht muß er ungelösten Schmerz aus der Kindheit erforschen oder die Ebene von Vertrautheit in seiner Ehe anheben, vielleicht muß er sich mit seinem inneren weiblichen Selbst auseinandersetzen. Wenn er die Botschaft mißdeutet und dem Impuls, sich in eine Affäre zu stürzen, nachgibt oder ihn unterdrückt, wird die Botschaft einfach neu verschlüsselt und wieder an ihn übersandt werden – diesmal mit einem anderen Drang verbunden. Das Bedürfnis nach Heilung und Wachstum verschwindet nicht einfach, nur weil es nicht zur Kenntnis genommen, falsch gedeutet

oder vernachlässigt wird. Wir werden erst dann Frieden finden, wenn wir den Aufruf zu Wachstum richtig empfangen und mit ihm zusammengearbeitet haben.

Elizabeths Bedürfnisse nach spirituellem und emotionalem Wachstum waren vernachlässigt worden, weil sie in dem hektischen Tempo der Erlöser-Falle gefangen war. Sie deutete ihren Drang, sich an einem stillen Ort zu verstecken, fälschlicherweise als einen verbotenen Impuls, dem man sich widersetzen müsse. Dabei wurde sie in Wirklichkeit aufgefordert, sich auszuruhen, zuzuhören und sich der Vertrautheit zu öffnen. Elizabeth brauchte keine neue Einsicht oder Richtungsangabe. Sie brauchte nur auf ihre innere Stimme zu hören und auf die Führung zu reagieren, die ihr gegeben wurde. Ihr nächster Schritt bestand darin, sich selbst, dem Prozeß und dem Urheber des Wachstums zu vertrauen.

3. Kümmere dich um deine innere Arbeit

»Was du da vorschlägst, könnte mein ganzes Leben verändern«, sagte Jakob ernst mit geballten Fäusten. »Mein ganzes Leben ist darauf aufgebaut, anderen Menschen zu helfen.« Er wünschte sich, von einem Lebensstil freizukommen, der ihn körperlich kaputt gemacht und emotional von anderen Menschen entfremdet hatte. Und dennoch hatte Jakob Angst, seine Erlöserrolle aufzugeben, denn er kannte keine andere Art, sein Leben zu führen.

Jakob hatte viele Studienjahre dafür aufgewendet, ein Erlöser zu werden. Dann entschied er sich für eine Frau, die auch ein Erlöser war, und gemeinsam schufen sie sich eine Lebensweise, bei der sie ihre eigenen Bedürfnisse vernachlässigten und sich zu sehr denen anderer Menschen widmeten. Jakob wurde allgemein wegen der vielen Opfer, die er gebracht hatte, bewundert, und er hatte viele Ehrungen und Anerkennungen bekommen. Man konnte sagen, daß sein ganzes Sein davon abhing, daß er den Erlöser spielen konnte. Es bedarf großen Mutes, die Grundlagen des eigenen Lebens zu überprüfen, sehr großen Mutes. Glücklicherweise war Jakob ein mutiger Mann.

»Gehen wir mal davon aus, ich würde mich von meinem übertriebenen Verantwortungsgefühl für andere Menschen frei machen«,

meinte Jakob vorsichtig, »was dann? Das ist alles, was ich kann. Was würde ich statt dessen tun? Ich habe Angst, daß ich mir wertlos und unnütz vorkomme, wenn ich mich ändere.«
Jakob begann sich von der ersten Seite der Erlöser-Falle zu befreien, er machte sich von dem Gefühl der Verantwortung für andere los. Aber die zweite Seite brachte ihn schnell wieder zum Stolpern. Das ist die Lüge vom Wert, den man sich verdienen muß, die Lüge, die ihm sagte, daß er keinen inneren Wert besitze, sondern diesen Wert durch sein Verhalten erst schaffen müsse (indem er »Gott spielt«). Ich glaube, daß alle Menschen inneren Wert haben, weil wir von Gott geschaffen sind, der Quelle allen Werts. Wir vergrößern unseren Wert nicht dadurch, daß wir andere Leute glücklich machen, ihr Vertrauen gewinnen oder sie mit dem versorgen, was sie brauchen. Die Erlöser steigen keinen einzigen Punkt höher auf der »Wertskala«, bloß weil sie die Armen versorgen, die Verletzbaren schützen und Menschen aus Krisen retten. Komplizierte Fragen verstehen und begreifen zu wollen, mag das Verständnis stärken, aber diese Bemühungen tragen nichts zum Wert eines Menschen bei. Die Anliegen, für die du kämpfst, mögen wertvoll sein, aber das macht dich nicht wertvoller.
Der Grund dafür, daß du dir keinen Wert erarbeiten kannst, liegt darin, daß du schon wertvoll bist. Das einzige, was du tun kannst, ist anzunehmen, was bereits dein ist. Das mag zu einfach klingen, besonders wenn man es mit den umfangreichen Aufgaben vergleicht, die sich die Erlöser bisher aufgeladen haben. Erlöser sind es schließlich gewohnt, riesige Probleme in einem einzigen Satz zu überwinden, schneller als der Blitz von einem Klienten zum nächsten zu rasen. Aber laß dich nicht von der Einfachhheit der Aufgabe täuschen. Da Erlöser es gewohnt sind, leidenschaftlich auf ein erwünschtes Ziel hinzuarbeiten, kann es ziemlich verwirrend sein festzustellen, daß man schon angekommen ist.
»Würdest du dich selbst als passiven oder als aktiven Menschen beschreiben?« fragte ich Jakob.
»Ich bin entschieden ein aktiver Mensch«, antwortete er mit Nachdruck. »Ich bin immer auf Achse. Es gibt so viel zu tun.«
»Dann würde ich vorschlagen, daß du es eine Zeitlang mit dem Gegenteil versuchst«, sagte ich. »Ich möchte, daß du dich jedes Mal, wenn dir danach ist, etwas zu tun, hinsetzt, abwartest und lauschst.«

Jakob schaute mich an, als ob ich verrückt geworden wäre. »Du willst im Ernst, daß ich herumsitze und nichts tue? Ich käme mir absolut unnütz vor!«

Erlöser neigen dazu, sich als wertlos und hilflos zu sehen, wenn sie nicht im Übermaß damit beschäftigt sind, anderen zu helfen. Um diese Gefühle zu bekämpfen, wenden sich Erlöser mit Verve einem Bündel neuer Aktivitäten zu, starten die nächsten Kampagnen, beraten mit frischem Eifer andere, schenken mit verstärkter Opferbereitschaft und sprechen mit größerer Überzeugungskraft. Erlöser machen und machen, und dann machen sie noch ein bißchen mehr.

Später wirst du vielleicht in der Lage sein, anderen auf ausgeglichene Weise zu helfen, aber zu Beginn deiner Befreiung von der Erlöser-Falle rate ich dir sehr ernsthaft, daß du jedem Drang zu beglücken, zu retten, zu schenken, zu beschützen, zu beraten, zu lehren oder auf Kreuzzug zu gehen widerstehst. Um die Erlöser-Falle loslassen zu können, mußt du zunächst lernen zu warten, still zu sein und zuzuhören.

»Ich meine damit nicht, daß du nicht aktiv sein sollst«, erklärte ich Jakob. »Auf das innere Selbst hören und reagieren zu lernen, ist alles andere als passiv, und es ist gewiß nicht einfach.«

Erlöser bewegen sich im allgemeinen recht geschickt in der äußeren Welt, stellen sich aber bei der Wegsuche in den inneren Reichen oft ebenso ungeschickt an. Zwar vernachlässigen Erlöser oft ihre innere Reise, aber es gibt ein feines Zusammenspiel der inneren und der äußeren Welt, die sich gegenseitig beeinflussen. Wenn du die Erlöser-Falle loszulassen beginnst, wird es immer wichtiger, ein Verständnis für diese beiden Bereiche zu entwickeln, besonders wenn du deine eigenen Bedürfnisse und dein Wachstum anzuerkennen und zu befriedigen versuchst. Der Punkt, den ich gern betonen möchte, ist folgender: *Innere Angelegenheiten müssen auf einer inneren Ebene angesprochen werden und äußere Fragen auf einer äußeren.*

Dieser Punkt mag recht offensichtlich erscheinen, aber Erlöser handeln selten so, als ob sie dieses Prinzip auch nur annähernd verstanden hätten. Steht ein Erlöser vor einer inneren Frage (beispielsweise Gefühlen von Hilflosigkeit oder Verletzungen aus der Kindheit), versucht er fast immer, das Problem im äußeren Bereich zu lösen und vernachlässigt die notwendige innere Arbeit. Die

meisten Erlöser versuchen mit inneren Angelegenheiten durch äußere Leistungen fertig zu werden. In dem Versuch, Selbstwertgefühl zu erringen, was eine innere Angelegenheit ist, widmen sich die Erlöser einer Vielzahl äußerer Aktivitäten: Sie erwerben akademische Abschlüsse, besorgen sich einflußreiche Positionen, sprechen vor großen Menschenmengen, begleiten jemanden aus einer Krise heraus, schreiben, geben ihren Besitz weg und erfüllen jede Bitte, die an sie gerichtet wird. Solange man an der Erlöser-Falle festhält, ist man für die Tatsache blind, daß die Lösungsversuche im äußeren Bereich deswegen zwecklos sind, weil der Schmerz im Inneren sitzt.
Die Erlöser- Falle macht dich zum Sklaven einer Reise nach außen, die nirgendwo hinführt. Du kannst innere Heilung und Wachstum nur dann erfahren, wenn du dich auf eine Reise nach innen begibst.
Seit Menschengedenken kennt man in den unterschiedlichsten Kulturen die Freuden, Mühen und Belohnungen innerer Arbeit. Dieser Prozeß hat im Laufe der Jahre verschiedene Namen bekommen: Gebet, Meditation, Kontemplation, Reflexion. Teil dieser Arbeit kann es sein, Tagebuch zu führen, Träume zu analysieren, aktive Imagination zu betreiben, Gedichte oder Lieder zu schreiben, zu malen oder andere Kunstformen auszuüben. Du kannst auch auf langen Spaziergängen im Wald oder durch die Stadt in dein inneres Reich reisen. Du kannst alleine losgehen oder mit der Unterstüzung eines Therapeuten oder einer Gruppe.

Wenn du dich um deine innere Arbeit kümmerst, wirst du Gelegenheit haben, dich selbst womöglich völlig neu kennenzulernen. Die Erlöser-Falle hat bisher verhindert, daß du dich genau kennst, denn sie hat dir Lügen über dich selbst erzählt. Sie zieht dich in einen Strudel der Enttäuschung. Sie erzählt dir, du seiest schuldig, wenn du schuldlos bist, angebunden, wenn du frei bist, und daß du dich hinten anstellen sollst, wenn du an der Reihe wärest. Es ist Zeit, dir selbst in dieser Stille ehrlich gegenüberzutreten.

»Als ich anfangs in die Therapie kam, hätte ich mir nie träumen lassen, daß hinter meinem Magengeschwür die Erlöser-Falle steckt«, sagte Jakob mit einem schmalen Lächeln. »Und ich hätte nicht gedacht, daß es so beängstigend sein würde. Man sollte meinen, daß ich erleichtert wäre festzustellen, daß ich zwar anderen helfen soll, daß es aber nicht allein meine Verantwortung ist, sie zu ›retten‹. Außerdem sollte man meinen, es sei eine gute Nachricht,

zu hören, daß ich, ganz unabhängig davon, was ich erreiche, ein wertvoller Mensch bin. Statt dessen fühle ich mich irgendwie orientierungslos.« Er seufzte tief.
»Ich glaube, daß es an der Zeit ist, endlich aus dieser Tretmühle herauszukommen, das Tempo zu drosseln und auf mich selbst und Gott zu hören, bevor ich handle.« Er schaute zum Fenster hinaus und sagte nachdenklich: »Ich bin gespannt, was ich wohl hören werde.«

4. Höre dem verletzten Kind in dir zu

Es verging kaum eine Therapiestunde, ohne daß Alicia weinen mußte. Ihre Tränen galten den hungernden Kindern in Afrika, die Alicia gern gerettet hätte, oder dem, was sie ihren eigenen Kindern nicht geben konnte. Monatelang litt Alicia unter den Sorgen ihrer Schwester, ihrer Mutter und ihres Vaters.
Heute weinte Alicia wieder, aber diese Tränen waren anders. Der Kummer brach als Beben tief aus ihrem Inneren heraus. Der Schmerz ihrer Kindheit durchstieß die dicken Mauern, die sie errichtet hatte, und ihr Körper begann zu zittern. Alicia vergoß endlich ihre eigenen Tränen. Sie weinte um sich selbst.
Anfangs war ihre Pein zu stark für Worte. Sie schluchzte mit dem ganzen Körper. Als sie ihre Stimme wiederfand, füllte sich das Zimmer mit einem Klagelaut, der zugleich ihre Traurigkeit und ihre Angst ausdrückte. Sie hielt ihre Augen fest geschlossen und flüsterte unter Tränen: »Sie haben sich nie wirklich was aus mir gemacht … mich nur benutzt … ich war in Wahrheit nie jemand Besonderes … ich wollte doch nur geliebt werden.«
Mit dem So-tun-als-ob war es für Alicia aus. Sie überhörte die Rufe des kleinen Mädchens in ihrem Innern nicht mehr, den Teil von ihr, der so tief verletzt worden war. Langsam ließ sich Alicia in die Kissen auf dem Sofa zurücksinken. Sie trocknete sich das Gesicht mit einem Taschentuch und begann, die Quelle ihres Kummers zu erforschen. »Ich hoffe immerzu, daß meine Eltern mich beachten, daß sie merken, daß ich immer noch ihre Liebe brauche. Aber sie tun es nie. Alles, was ich ihnen gebe, wünsche ich mir von ihnen. Ich fühle mich so leer. «
Wie Alicia müssen wir alle lernen, uns selbst zuzuhören, wenn wir

uns wirklich von der Erlöser-Falle befreien wollen. Viele Menschen wehren sich dagegen, still zu sein und auf ihr »inneres Kind« zu horchen, weil sie Angst vor dem haben, was sie hören werden. Und das könnten gut die unterdrückten Tränen sein. Wenn du deinem inneren Kind gestattest, dich in diese Zeit zurückzuführen und deine Kindheit ehrlich anzuschauen, wirst du vielleicht Enttäuschungen und Verluste, Verletzungen und Entbehrungen, Mängel und unerfüllte Bedürfnisse anerkennen müssen. Du mußt vielleicht um eine verlorene Kindheit trauern.

»Es gibt Zeiten«, erzählte Alicia, »da habe ich das Gefühl, ich wäre nie Kind gewesen. Es sieht so aus, als hätte ich mich schon so lange um andere gekümmert, wie ich überhaupt nur zurückdenken kann. Ich habe meinen Geschwistern morgens beim Anziehen geholfen, habe den Haushalt gemacht, um meine Mutter zu schützen und meinen Vater zu beglücken.« Alicia drückte die Faust fest in ein Kissen. »Ich werde wirklich böse, wenn ich mich der Tatsache stelle, daß es niemanden gab, der sich um mich gekümmert hat.«

Alicia hielt inne und ließ den Kopf hängen. »Was fühlst du jetzt?« fragte ich. »Fühlst du dich schuldig, weil du zornig geworden bist?« Sie nickte. »Schließlich haben sie mir immerhin einen Platz zum Leben gegeben, und manchmal hatten wir auch Spaß.« Sie sah zu mir auf und fuhr fort: »Ich glaube, daß ich Angst davor habe, wütend zu sein. Ich habe Angst, daß ich damit jemanden so verletzen könnte wie mein Vater, wenn er wütend wurde.«

Mit der Erkenntnis dessen, was einen die Erlöser-Falle gekostet hat, überkommt einen oft eine ungewohnt starke und erschreckende Wut. Manchmal kommt sie in Schüben, mit jeder weiteren Erkenntnis über den erlittenen Schaden: den Verlust eines Teils der Kindheit, die Lügen, die man über seinen eigenen Wert erzählt bekommen hat, die verpaßten Gelegenheiten für Vertrautheit und die verlorenen Jahre voll vergeblicher Erlöser-Mühe.

Ich rate dir, dich bei deiner Befreiung aus der Erlöser-Falle ganz allmählich und mit der Unterstützung eines Therapeuten mit deiner Wut zu beschäftigen. Wut ist ein sehr energievolles Gefühl. Diese Energie kann zur Heilung oder zur Zerstörung eingesetzt werden. Wenn man sie unangemessen freisetzt, kann sie in unserem eigenen Leben und gewiß bei denen, auf die sie gerichtet wird, erheblichen Schaden anrichten. Wut ist eine Emotion, der man sich langsam und mit Respekt vor ihrer möglichen Gewalt zuwenden sollte. Ein paar Möglichkeiten, wie man sich Luft machen kann und die meinen Klienten, Freunden und mir selbst gut getan haben, sind:

- mit einem Freund oder Therapeuten reden
- spazierengehen
- auf ein Kissen eindreschen (*nie* ein lebendiges Wesen schlagen)
- allein in einem Zimmer oder im Auto schreien
- Tagebuch schreiben
- Sportarten wie Gewichtheben, Jogging, Squash oder Tennis
- weinen
- beten
- malen

Ich glaube, Wut hat die Bedeutung eines Signals, mit dem uns gesagt wird, daß wir verletzt werden. Es ist richtig, wütend zu sein, wenn man mißhandelt wird, und wir können diese Wut produktiv dazu benutzen, uns vor Gefahr zu schützen. Wenn wir auf die Botschaften der Wut schon dann hören, wenn wir sie zum ersten Mal bekommen, schützen wir uns eher vor Schaden und können unsere Gefühle angemessener zum Ausdruck bringen.

»Welche Wege hast du, um deine Wut auszudrücken?« fragte ich Alicia.

»Ich rede mit dir«, antwortete sie. »Du scheinst keine Angst vor meiner Wut zu haben, und das hilft mir.« Sie machte eine Pause. »Neulich abend habe ich meinem Vater einen entsetzlichen Brief geschrieben, in dem stand alles, was ich ihm gern sagen würde. Dann habe ich ihn zerrissen und die Fetzen im Zimmer herumgeschmissen. Danach habe ich mich besser gefühlt.«

»Hast du überlegt, deinem Vater den Brief zu schicken?« erkundigte ich mich.

»Nein, so weit bin ich noch nicht.« Alicia rückte ein Stück von mir ab.

Ich betrachtete sie einen Moment eindringlich. »Du bist noch nicht ganz davon überzeugt, daß du es verdienst, gut behandelt zu werden, oder?«

Wieder begann sie zu weinen. »Es gibt immer noch einen Teil von mir, der mir sagt, daß ich verdiene, was ich bekommen habe.«

Sanft sagte ich: »Was du verdient hättest, Alicia, das wäre gewesen, geliebt zu werden.«

5. Erkenne deine eigenen Bedürfnisse und Wünsche

Alle Erlöser haben Bedürfnisse, denn alle Menschen haben Bedürfnisse, und entgegen weitverbreiteter Selbsttäuschung *sind auch Erlöser Menschen.* Wir Erlöser haben uns mächtig Mühe gegeben, ein Gefühl eigener Bedürftigkeit vor anderen und besonders vor uns selbst zu verstecken. Erlöser haben sogar so getan, als ob sie nicht wie andere Menschen wären, als ob sie anders wären, wie *Erlöser* eben. Wenn wir erst einmal die Erlöser-Falle aufgegeben haben, haben wir die Möglichkeit, unsere berechtigten Wünsche und Bedürfnisse zu erkennen.

Zu erkennen, was du willst und brauchst, kann schwieriger sein, als du dir vorstellst. Du warst so darin gefangen, die Bedürfnisse anderer Leute zu erfüllen und ihnen das zu geben, was *sie* zu wollen schienen, daß du vermutlich wenig Zeit damit verbracht hast, dir selbst zuzuhören. Möglicherweise hast du nicht einmal die Fertigkeiten entwickelt, die man braucht, um seine Bedürfnisse und Wünsche zu erkennen. Versuche, dich selbst zu fragen, was du willst. Ist die Antwort leicht zu finden? Oder mußt du erst suchen, schauen, ob dir jemand einen Hinweis gibt?

Der verblüffte Ausdruck auf Dianas Gesicht zeigte mir, daß sie mit genau dieser Frage Schwierigkeiten hatte. »Was ich will?« wiederholte sie. »Tja, wenn ich die Antwort darauf wüßte, wäre ich jetzt nicht hier in der Therapie! Ich habe meine Kindheit damit zugebracht, meine Eltern zu beglücken, meine Ehe damit, meinen Mann und meine Kinder zu versorgen, und mein Berufsleben damit, meine Klienten zu stärken.«

»Laß mal für einen Moment all die Verpflichtungen und Einschränkungen los und denk darüber nach, was du brauchst. Was willst du vom Leben, Diana? Was tust du gern? Was willst du?« fragte ich.

Diana starrte mich überrascht an. »Ich glaube, das hat mich noch nie jemand gefragt. Die Leute bitten mich, ihnen zuzuhören und ihnen das zu geben, was sie wollen, aber ich glaube, es hat noch nie jemand wissen wollen, wie es in mir aussieht.« Sie hielt einen Augenblick inne. »Und jetzt, wo mir diese Frage gestellt wird, muß ich zugeben, daß ich nicht die geringste Ahnung habe, wie ich darauf antworten soll.«

Dianas Verlegenheit ist unter Erlösern, die sich auf dem Weg der Heilung befinden, weit verbreitet. Erlöser haben trotz der Tatsache, daß es sich dabei oft um sehr dynamische und eigensinnige Menschen handelt, wenig Zeit damit verbracht, persönliche Interessen oder einen eigenen Geschmack zu entwickeln. Sie kaufen sich häufig Kleidung, die anderen gefällt, richten ihre Häuser so ein, wie es ihre Freunde tun, und wenn sie Ferien machen, unternehmen sie Dinge, mit denen sie jemand anderem einen Dienst erweisen (wie Verwandtenbesuche oder Reisen zu Konferenzen, die sie dann Urlaub nennen). Weißt *du*, was *du* magst, was *du* willst, was *du* brauchst? Wenn es dir schwer fällt, deine eigenen Bedürfnisse auszumachen, kann es hilfreich sein, erst einmal zu beobachten, was du anderen gibst. Oft versorgen wir andere Menschen mit etwas, wovon wir unbewußt wissen, daß wir selbst es brauchen.

Bist du ein Beglücker? Vielleicht brauchst du emotionale Fürsorge, vielleicht ist es an der Zeit, daß du dich um dein eigenes Wohlbefinden kümmerst. Du hast lange genug für das Glück anderer gesorgt. Nun solltest du dich deinem eigenen Verständnis von Glück zuwenden.

Wenn du ein Schenker bist, brauchst du vielleicht greifbarere Zuwendung. Wofür würdest du dein Geld ausgeben, wenn du dich nicht verpflichtet fühlen würdest, alles wegzugeben? Welche Dinge wünschst du dir schon lange, die du dir aber nicht kaufst, weil dir das Schuldgefühle machen würde? Es ist vielleicht an der Zeit zu lernen, wie du dir selbst Zuwendung zukommen lassen kannst, indem du dir Geschenke machst, gerade so, wie du in der Vergangenheit ausschließlich andere verwöhnt hast.

Beschützer und Retter sind oft Menschen mit inneren Ängsten und einer besonderen Verletzbarkeit. Gibt es jemanden, dem du entschlossen gegenübertreten solltest, jemanden, der sich zu sehr in dein Leben gedrängt hat? Mußt du deine Privatsphäre verteidigen oder dich vor Gefahr schützen? Vielleicht ist es an der Zeit zu lernen, selbstbewußter und kritischer zu sein, die Unterstützung anderer zu nutzen, um dich selbst besser vor Ausbeutung zu schützen.

Berater dürsten oft nach Vertrautheit, Trost und Unterstützung. Dies könnte eine Zeit sein, in der du dich auf eine neue Weise für persönliche Beziehungen öffnen mußt – entweder indem du neue Freundschaften anregst oder die bestehenden vertiefst. Vielleicht brauchst du jemanden, der dir zuhört, wenn du deine Geschichte erzählst. Vielleicht mußt du lernen, zu vertrauen und ein Risiko einzugehen.

Bist du ein Lehrer? Vielleicht hast du ein tiefes Bedürfnis nach Aufmerksamkeit und Zuneigung. Ist jetzt die richtige Zeit, um von der Bühne zu steigen und einen vertrauteren Kontakt zu anderen Menschen aufzunehmen? Hast du ein besonderes Talent oder ein Interessengebiet, das du vernachlässigt hast, weil deine Zeit vollständig den Erlöser-Aktivitäten gewidmet war? Vielleicht solltest du diesen Gebieten mehr Aufmerksamkeit widmen. Sie können eine Quelle der Belohnung sein und dir das Gefühl geben, etwas erreicht zu haben.

Wenn du ein Kreuzritter bist, mußt du vielleicht dein eigener Anwalt sein und für deine eigene Sache ins Feld ziehen. Welchen Ungerechtigkeiten warst du ausgesetzt? Möglicherweise ist es jetzt an der Zeit, für dich selbst einzustehen.

Als Erlöser haben wir viele Bedürfnisse, und die Zeit und Energie, die nötig sind, uns um uns selbst zu kümmern und in uns hineinzuhorchen, stehen uns auch zu. Es wird Zeit, daß wir uns von unserem übertrieben ernsten Zugang zum Leben lösen und lachen, Spaß haben, Leichtigkeit und Freude pflegen. Wir Erlöser müssen lernen, »ja!« dazu zu sagen, vergnügt zu sein, uns auf Abenteuer einzulassen, an spirituellen Wochenenden teilzunehmen, spontane Ausflüge zu unternehmen, unsere künstlerischen Talente zu entwickeln, Musik zu hören, unterhaltsame Bücher zu lesen, uns im Schaumbad zu aalen, regelmäßig Sport zu treiben, unser Heim mit Blumen, Schönheit und Kunst zu erfüllen. Wenn wir »ja!« zu unseren Bedürfnissen und Wünschen sagen, werden wir feststellen, daß wir mehr Freude an unseren Kindern haben, uns besser mit unseren Partnern austauschen und häufiger mit Freunden lachen. Daraus können ganz unterschiedliche Projekte entstehen: ein Boot zu bauen, neue Kleider zu nähen oder kochen zu lernen wie ein Gourmet. Vielleicht aber auch Kurzgeschichten zu schreiben, Bilder zu malen oder Musik zu machen. Die Erlöser-Falle hat uns von so vielen wichtigen und vergnüglichen Erfahrungen abgehalten. Es ist Zeit, sie loszulassen und diese Möglichkeiten mit einem »ja!« zu begrüßen.

»Das klingt in der Theorie ganz dufte«, meinte Diana skeptisch, »aber was glaubst du eigentlich, wann ich Zeit für all diese Aktivitäten finden soll? Ich habe Verpflichtungen und Verantwortungen. Ich kann nicht einfach immer davonflitzen, wenn es mich überkommt.«

»Tja, einen kleinen Haken hat die Sache schon.« Ich lächelte. »Du kannst erst lernen, ›ja‹ zu sagen, wenn du auch ›nein‹ sagen kannst.«

Wenn du die Erlöser-Falle loslässt, befreist du dich auch von der Vorstellung, daß du eine unversiegbare Quelle der Zuwendung für andere bist. Da so viele Erlöser sich zuviel aufgeladen haben, müssen die meisten einen Schritt zurücktreten, sich abgrenzen, »nein« sagen. Das bringt vielleicht mit sich, daß du die Zahl der Klienten und deiner Ausschüsse, die Abende, an denen du Arbeit aus dem Büro mit nach Hause nimmst, und die Geschäftsreisen an Wochenenden reduzieren mußt. Dazu mußt du möglicherweise deine Beziehungen innerhalb der Familie und in deinem sozialen Umfeld neu bestimmen. Diesen Prozeß bezeichne ich als »Beschneiden«.

Zum Beschneiden gehört, daß man »nein« sagen kann, ein Wort, das Erlösern nur schwer über die Lippen kommt. Zwar fallen alle Aspekte des Wachstums und der Heilung Erlösern schwer, aber dieser Prozeß des Beschneidens scheint einer der unangenehmsten zu sein. Er ist jedoch unvermeidbar, wenn du dich aus der Erlöser-Falle befreien willst. Wenn du »nein« sagst, blickst du den Lügen der Erlöser-Falle direkt ins Auge, widersprichst diesen Lügen, die dich so lange gefangen gehalten haben. Du verwirfst die 1. Seite, indem du sagst: »Tut mir leid, das liegt nicht in meiner Verantwortung. Wenn das getan werden soll, dann wird jemand anderes die Verantwortung dafür übernehmen müssen.« Und du widersprichst der 2. Seite, wenn du »nein« sagst. Du erklärst deinen eigenen Wert, indem du ganz klar feststellst: »*Meine* Bedürfnisse haben jetzt Vorrang.«

Möchtest du wissen, wie frei du von der Erlöser-Falle bist? Die Antwort findest du zum Teil darin, wie gut du »nein« sagen kannst. Wenn du in der Lage bist, deinem Leben eine Struktur zu geben, die Wachstum fördert und Vertrautheit erleichtert, bist du schon ein gutes Stück auf dem Weg in die Freiheit vorangekommen.

»Wenn es etwas über meinen Erfolg aussagt, ob ich nein sagen kann, dann bin ich nicht sehr gut«, vertraute Diana mir an. »Gerade gestern habe ich beispielsweise einen Vortrag bei einer Konferenz gehalten. Spät abends, ich wollte mich gerade verabschieden, kam eine Frau auf mich zu und bat mich um ein Gespräch. Ich sagte ihr, daß es schon recht spät sei, und reichte ihr meine Karte. Aber sie meinte, es würde nicht lange dauern und daß mein Vortrag sie sehr betroffen gemacht hätte. Sie sagte weiter, daß sie noch nie versucht hätte, mit jemandem darüber zu reden, daß ihr aber mein Vortrag die Hoffnung gegeben hätte, daß sie mir trauen könne. Da sagte ich ihr, daß wir uns auf dem Weg zu meinem Auto unterhalten könnten. Sie schien dankbar zu sein und erzählte mir, wieviel Angst sie habe, daß sie dringend Hilfe brauche und befürchten würde, sie könne sich etwas antun.« Diana lehnte sich zurück und seufzte ergeben. »Es endete damit, daß ich mit ihr einen Kaffee trinken ging und wir bis nach Mitternacht redeten.«

Erlöser erwarten wie Diana, daß sie viel mehr als nur ihr Teil tragen müssen. Es ist daher leicht, sie dahingehend zu beeinflussen, daß sie für andere sorgen. Es mag schwierig sein, uns selbst einzugestehen, wie empfänglich wir für diese Beeinflussungen sind, da wir uns damit brüsten, stark zu sein, und nicht schwach, weise, und nicht dämlich. Wenn du dein Verhalten jedoch einer ehrlichen Überprüfung unterziehst, wird es dich verblüffen, wie oft du das tust, was andere Leute von dir wollen, ob du selber willst oder nicht. Sagst du »ja« zu ihren Ansinnen, wenn du eigentlich »nein« sagen müßtest? Vielleicht glaubst du wirklich, daß andere Menschen unzulänglich sind, daß sie dich brauchen und zwar jetzt.

Als Diana und ich ihre Erfahrung bei der Konferenz eingehender untersuchten, wurde klar, wie die Erlöser-Falle für sie aufgestellt wurde. Die um Hilfe bittende Frau sagte ihr, daß Diana die einzige zu sein scheine, die ihr helfen könne (1. Seite). Indem sie zu verstehen gab, daß sie selbstmordgefährdet sei, stellte sie ihren eigenen Bedürfnisse über die von Diana (2. Seite). Menschen beeinflussen die Erlöser, indem sie einen Köder in die Erlöser-Falle legen. Sie schildern Probleme und Situationen, die den Eindruck erwecken, nur ein Erlöser könnte sie daraus erretten. Zudem scheinen sie sofortige Aufmerksamkeit zu verdienen. Jeder der sieben Erlöser-Typen reagiert auf eine bestimmte Art von Köder:

1. Der Beglücker reagiert auf Menschen, die abhängig und unglücklich zu sein scheinen.
2. Der Schenker reagiert auf die, die bedürftig zu sein scheinen.
3. Der Beschützer reagiert auf die, die unzulänglich und gefährdet zu sein scheinen.
4. Der Retter reagiert auf die, die unfähig und in einer Krise zu sein scheinen.
5. Der Berater reagiert auf die, die verwirrt und besorgt zu sein scheinen.
6. Der Lehrer reagiert auf die, die auf der Suche nach einem Helden und nach der Wahrheit zu sein scheinen.
7. Der Kreuzritter reagiert auf die, die ungerecht behandelt zu werden scheinen.

Wenn Erlöser ihre eigene Macht überschätzen, unterschätzen sie zugleich auch die Hilfsquellen und den Einfallsreichtum der anderen Menschen. Aber wie können wir an ihrem Einfallsreichtum zweifeln, wenn wir einmal für einen Moment etwas zurücktreten und uns anschauen, wozu diese Menschen die Erlöser treiben können? Auf ihr Bitten hin verschenken Erlöser materielle Besitztümer, emotionale Schätze und spirituelle Einsichten. Für mich war es ein ziemlicher Schock festzustellen, daß die anderen nicht zusammenbrachen, wenn ich ihre Bedürfnisse, aus welchen Gründen auch immer, nicht erfüllte. Statt dessen wandten sie sich an jemanden anderen! Sie fanden einfach einen neuen Erlöser, der sich um sie kümmerte.
Vielleicht ist das einer der Gründe dafür, daß es einem Erlöser so schwer fällt, »nein« zu sagen. Wir fühlen uns gar nicht so unabkömmlich, wie wir zu sein behaupten. Vielmehr haben wir die Befürchtung, wir wären leicht zu ersetzen, wenn wir nicht so reagieren, wie es von uns erwartet wird. Erlöser möchten das Gefühl haben, jemand Besonderes zu sein. Wir wollen glauben, daß diejenigen, denen wir helfen, wirklich *uns* brauchen, nicht einfach irgend jemanden, sondern ganz ausschließlich uns.
»Du meinst also, daß ich nicht deswegen bis spät in die Nacht mit dieser Frau aufgeblieben bin, weil sie mich brauchte, sondern weil ich es brauchte, daß sie mich braucht?« fragte Diana.
»Wenn du das Gefühl hattest, daß ihre Ansprüche zu weit gingen,

was hättest du dann tun können, um ihr zu helfen, ohne in die Erlöser-Falle zu stolpern?« antwortete ich.
Diana dachte einen Moment nach. »Wahrscheinlich hätte ich mit ihr einen Termin in der Sprechstunde abmachen können«, meinte sie.
»Ja. So hättest du ihr zwar Hilfe angeboten, aber auch deine eigenen Grenzen aufgezeigt. Was hättest du wegen der Selbstmorddrohung tun können?«
Diana antwortete: »Ich hätte ihr die Telefonnummer der Beratungsstelle geben können, ich hätte sogar selber Hilfe holen können, wenn ich wirklich den Eindruck gehabt hätte, sie sei in Gefahr. Da gibt es offenbar verschiedene Möglichkeiten, wie ich hätte helfen können, ohne den Erlöser zu spielen. Sie schien so sehr zu leiden. Ich wollte nicht, daß sie sich abgewiesen fühlte.«
Erlöser wehren sich deswegen oft gegen ihr »nein«, weil sie versuchen wollen, andere vor ihrem Schmerz und ihrem gerechtfertigten Leiden zu beschützen. Leiden ist eine Erfahrung, die die meisten zu vermeiden versucht haben, da die Rolle des Schmerzes falsch verstanden wird. In unserer Gesellschaft gilt Leiden oft als etwas Ungewöhnliches, Unnötiges und Ungerechtes. Im Fernsehen verspricht die Werbung das »gute Leben« voll sinnlicher Vergnügen, das nur darauf wartet, aus den Ladenregalen geholt zu werden. In den Filmen werden Familienkrisen in dreißig Minuten gelöst und Verbrecher in einer knappen Stunde gefangen und verurteilt. Diese Verzerrungen führen zu der Erwartung, das Leben müsse schmerzfrei sein.
Erlöser halten oft in dem irrigen Glauben an der Erlöser-Falle fest, daß damit Leiden vermieden werden könne. Als Erlöser haben wir uns vorgenommen, den Schmerzen und Verletzungen dieser Welt ein Ende zu setzen. Der Versuch, durch die Erlöser-Falle Schmerzen zu vermeiden, hat nur einen Haken – er funktioniert nicht. Auf diese Weise wird Schmerz nicht nur *nicht* vermieden, vielmehr werden die negativen Auswirkungen auf uns selbst und andere häufig durch die Handlungen der Erlöser erst erzeugt oder noch verstärkt. *Wir können dem Leiden nicht aus dem Wege gehen, indem wir Erlöser spielen. Wir weichen auf diese Weise jedoch Wachstum und Vertrautheit aus.*
Der Erlöser tut niemandem einen Gefallen damit, daß er sich zwischen andere und ihren Schmerz stellt. Dadurch behindert er nur den

Wachstumsprozeß. Das Eingreifen der Erlöser hemmt häufig die natürlichen Folgen von Entscheidungen. Solange ein Erlöser in der Nähe ist und die Folgen schlechter Entscheidungen wie ein Stoßdämpfer abfängt, kann man nie erfahren, welche Konsequenzen das eigene Verhalten hat. Viele Menschen lernen, daß sie nicht für ihr eigenes Wachstum verantwortlich zeichnen müssen, da die Erlöser ihnen diese Aufgabe abnehmen. Ein Erlöser kann zugunsten anderer auf sein persönliches Wachstum verzichten und erreicht damit doch nur, daß er auch das Wachstum der anderen behindert. Solange man an der Erlöser-Falle festhält, erzielt man weder für sich selbst noch für andere irgendwelche Fortschritte.

Wenn du jedoch Entscheidungen triffst, die dein eigenes Wachstum fördern, schaffst du auch für andere Menschen Möglichkeiten zu wachsen. Wenn du die Wahrheit sagst, sei sie nun angenehm oder auch nicht, gibst du anderen damit die Gelegenheit, die Realität anzunehmen oder sie wegzuschieben. Wenn du den Schmerz annimmst, der mit dem Wachstum in deinem eigenen Leben einhergeht, wirst du vermutlich weniger versuchen, andere von ihrem gerechtfertigten Leiden zu erretten. Die Aussicht, etwas könne schmerzhaft werden, wird dich weniger von deinem Wachstum abhalten, da der Schmerz nicht mehr soviel Schrecken für dich bereithält wie vielleicht früher. Du hast die Möglichkeit, Angst, Verwirrung, Panik und Schwäche gegen Mut, Ausdauer, Geduld und Stärke einzutauschen. Dein »nein!« zur Erlöser-Falle gibt anderen Menschen Raum, Verantwortung für ihr Leben und die Entwicklung ihrer Selbstachtung zu übernehmen.

Es ist wichtig, sich bewußt zu machen, daß es ein Unterschied ist, ob man jemandem Schaden zufügt oder ob man sein Mißfallen erregt. Erlöser scheinen unfähig, diese Unterscheidung zu treffen. Wir haben die Vorstellung, daß wir jemandem auf irgendeine Weise »schaden«, wenn wir ihm Ungelegenheiten bereiten, eine Bitte abschlagen oder etwas sagen, was er vielleicht gar nicht hören will. Dem ist nicht so. Alles, was wir tun, ist nur, jemandem Ungelegenheiten zu bereiten, eine Bitte abzuschlagen oder ihm etwas zu sagen, was er vielleicht gar nicht hören will. Nicht mehr und nicht weniger. Wenn du beginnst, deine Rolle als Erlöser loszulassen, werden sich manche Menschen vielleicht so aufführen, als ob du eine Schandtat begangen oder eine nie wiedergutzumachende Zerstörung in ihrem

Leben angerichtet hättest. Aber in Wirklichkeit hast du ihnen die Verantwortung für ihr Leben auf ihre eigenen Schultern geladen – wo sie auch hingehört. Das gibt dir die Freiheit, die Verantwortung für dich selbst, deine eigenen Fehler und dein eigenes Wachstum zu übernehmen.

6. Gestehe dir ein, welchen Schaden du anderen zugefügt hast

Julia und Paul saßen wieder in den beiden äußersten Ecken des Sofas. Der Raum zwischen ihnen schien schier unüberbrückbar. Julia klammerte sich verbittert an das Leid, das ihr durch Pauls Erlöser-Handlungen widerfahren war, während Paul sein Verhalten verkniffen als edel und beinahe göttlich verteidigte.

»Julia, was hat dich bei deinen ersten Begegnungen mit Paul so angezogen?« fragte ich.

Julia atmete tief ein. »Ach, das ist so lange her«, seufzte sie. »Als ich Paul kennenlernte, lebte ich noch zu Hause. Da war immer so viel Streit, aber bei Paul war es friedlich.« Zum ersten Mal in dieser Sitzung sah Julia zu Paul hinüber. »Ich vermute, daß ich mich bei Paul sicher gefühlt habe. Er war so liebevoll und hat sich immer um mich gekümmert. Einmal hat er es sogar mit meinem Vater aufgenommen.«

»Also wurdest du ursprünglich von Pauls beschützendem Verhalten angezogen?« fragte ich.

Julia seufzte wieder. »Vermutlich, ja. Damals war ich noch ein kleines Mädchen. Das Problem ist, daß ich jetzt kein kleines Mädchen mehr bin.« Sie wandte sich Paul zu und sagte leise: »Kannst du denn nicht sehen, daß ich jetzt eine Frau bin? Ich brauche dich nicht mehr, um mich zu beschützen.«

Paul rieb seine Stirn und sah ängstlich zu ihr hinüber. »Ich habe Angst, daß du mich überhaupt nicht mehr brauchst«, meinte er.

Julia starrte schweigend auf den Boden.

Paul wandte sich mir zu und fuhr mit seinem Geständnis fort: »Ich sehe ein, wie ich Julia verletzt habe. Ich habe mich selbst damit belogen, daß ich sie vor Schaden schützen würde. Aber ich habe Angst, das aufzugeben. Was ist, wenn sie feststellt, daß sie alles alleine schafft und mich nicht mehr braucht?«

Ich bat Paul, Julia zu fragen, was sie denn brauche. Vorsichtig rutschte er ein Stückchen näher an seine Frau heran und fragte: »Julia, gibt es irgend etwas, das du von mir brauchst?«

»Ich brauche es nicht, von dir eingesperrt oder überwacht zu werden«, antwortete sie. »Ich brauche deine Entschuldigung für das, was du mir angetan hast.«

»Es tut mir wirklich leid… « Seine Stimme versagte, und er mußte von neuem beginnen: »Es tut mir wirklich leid, daß ich dir wehgetan habe. Ich wollte dir nie wehtun, aber ich sehe, daß ich es getan habe.«

Es kann ebenso schwierig sein, uns den Verletzungen zu stellen, die wir anderen zugefügt haben, wie den Schmerzen, die wir durch andere erlitten haben. Alle Erlöser haben andere Menschen durch ihr Erlöser-Verhalten verletzt. Es mag verlockend sein, das zu leugnen, aber es ist dummerweise wahr. Jeder Erlöser-Typ hat seine eigene Art, andere zu verletzen:

Beglücker: Beglücker neigen dazu, andere auszuschließen, denn sie verbergen ihre Gefühle unter dem Anschein, sie wollten beglücken.

Beschützer: Wie die Beglücker verletzen auch die Beschützer andere dadurch, daß sie die Wahrheit manipulieren und verzerren. Indem sie sie tun, als ob sie andere beschützen, verschaffen sich Erlöser in Wirklichkeit selbst Kontrolle und Macht.

Schenker: Schenker wollen sich zwar selbst als Menschen sehen, denen es um das Wohlergehen anderer geht, aber sie nutzen den Akt des Schenkens als Mittel, um andere zu kontrollieren. Denn der Schenker drängt ihnen zwar seine Gaben auf, hält sie aber auf Abstand, indem er den Ausdruck ihrer Zuneigung nicht annimmt.

Retter: Retter stecken zwar in dem Irrglauben, sie seien in Krisensituationen unersetzbar, aber in Wahrheit verstärken sie bei anderen Menschen die Gefühle von Hilflosigkeit. Deren Selbstachtung wird dem Erlöser geopfert, damit dieser sich machtvoll und stark fühlen kann.

Berater: Dem Berater fällt gegenseitige Vertrautheit sehr

schwer und dennoch braucht er sie unbedingt. Folglich werden andere immer bis an den Punkt gebracht, wo sie offen und verletzbar sind, während der Berater sich hinter seiner Rolle versteckt. Andere Menschen werden dadurch verletzt, daß der Berater sich weigert, gegenseitige Vertrautheit herzustellen, und sie dadurch in einer weniger machtvollen, verletzbareren Position hält.

Lehrer: Lehrer vermeiden gegenseitige Vertrautheit dadurch, daß sie sich in der Menge verstecken, die Bewunderung anderer pflegen und diese Zuneigung doch nicht auf der Grundlage von Gegenseitigkeit erwidern. Andere Menschen bleiben mit dem Gefühl zurück, unberührt und ungeliebt zu sein. Sie werden von der unsichtbaren Schranke zwischen dem Lehrer und denen, die Vertrautheit und Zuwendung brauchen, enttäuscht.

Kreuzritter: Engagierte Kreuzritter sehen andere eher als Objekte denn als menschliche Wesen an. Jeder wird zu Freund oder Feind, Mitarbeiter oder Hindernis, zu jemandem, um den man sich kümmern muß, oder zu jemandem, der für die Sache eingespannt werden kann. Kreuzritter scheinen besonders fürsorgliche Menschen zu sein und dennoch lassen sie andere mit ihren Gefühlen allein, ausgeschlossen vom inneren Selbst des Kreuzritters.

Es ist zwar schmerzhaft, aber von entscheidender Bedeutung, daß der Erlöser sich dem Schaden stellt, den er anderen zugefügt hat, wenn er die Erlöser-Falle loslassen will und wenn im Leben derjenigen, mit denen der Erlöser zusammenkommt, *wahre* Heilung und Wachstum möglich werden sollen. Das ist eine demütigende Erfahrung – eine, der die Erlöser dadurch aus dem Wege zu gehen versuchen, daß sie »Gott spielen«. Aber wenn du dich dir selbst und deinen Fehlern ehrlich stellst, kannst du endlich die Tür zu echter Versöhnung und Vertrautheit öffnen.

»Was brauchst du von Julia?« fragte ich Paul.

Als Paul antwortete, kämpfte er sichtbar mit seinen Gefühlen: »Ich brauche ein bißchen Hoffnung, daß wir mit dieser Geschichte klarkommen.« Er nahm Julias Hand. »Du weißt, wie schwer es mir fällt,

das zu sagen. Ich versuche immer, der Starke zu sein, aber ich möchte, daß du weißt, daß ich dich brauche. Ich brauche dein Verzeihen, und ich brauche dich bei mir.«
Julia drückte seine Hand, nickte, und ihre Augen füllten sich mit Tränen.

7. Lerne, Liebe und Fürsorge anzunehmen

Gary starrte so lange aus dem Fenster, daß ich zu zweifeln begann, ob er meine Frage gehört hatte. »Gibt es jemanden, mit dem du über deine Gefühle sprechen kannst?« wiederholte ich.
Er drehte sich um und lächelte traurig. »Ich hab's schon gehört. Ich habe nur nachgedacht. Ich habe Bekannte und Kollegen und natürlich viele Studenten, aber niemanden, den ich um Hilfe bitten würde. Es gibt niemanden, dem ich mich richtig öffne.«
Bei dem Versuch, in Gedanken jemanden zu finden, dem er wirklich vertrauen konnte, zogen sich Garys Augenbrauen zusammen. »Jetzt, wo ich darüber nachdenke, sehe ich, daß ich nie darüber rede, was in mir vorgeht. All die Gespräche, die ich habe, drehen sich um die Probleme von anderen. Und wenn deren Problem erledigt ist, scheine ich nicht viel zu sagen zu haben.«
Erlöser können eine Sache außergewöhnlich gut – helfen. Wenn es so ist, daß wir uns nur wohl fühlen, wenn wir helfen, was tun wir dann mit einem Menschen, der kein Problem hat? Wie verhalten wir uns? Wenn wir mit uns selbst nur dann im Einklang stehen, wenn jemand anderes zu uns aufschaut, was tun wir dann mit einem Menschen, der keinen Rat von uns will? Worüber reden wir? Und wenn wir Beziehungen nur mit Menschen aufbauen können, die uns brauchen, wohin wenden wir uns dann, wenn wir selbst Hilfe brauchen? Wie bitten wir um Hilfe? An wen können wir uns wenden?
Gary drehte seinen Kopf wieder zum Fenster. »Solange ich voll unter Dampf stehe, die Lautstärke voll aufgedreht halte, komme ich klar. Aber wenn ich aufhöre,« flüsterte er, »dann fühle ich mich so allein. Manchmal fühle ich mich selbst so bedürftig, daß es mich in Angst und Schrecken versetzt.«
Ich vermute, daß einer der Gründe dafür, daß Erlöser ihre eigene Bedürftigkeit nur so zögernd anerkennen können, darin zu suchen

ist, daß sie längst alle Hoffnung haben fahren lassen, diese Bedürfnisse jemals erfüllt zu bekommen. Warum sollte man Einsamkeit, Verletzbarkeit und Wünsche aufdecken, wenn der Schmerz durch das Offenlegen nur noch stärker werden, aber keine Befriedigung möglich sein wird? Es ist viel sicherer, so zu tun, als gäbe es keine inneren Bedürfnisse, keine Sehnsucht nach Vertrautheit, keinen Schmerz, der tief im Innern pocht.

Ich habe viele Gespräche mit Freunden geführt, die damit rangen, die Erlöser-Falle loszulassen. Oft haben sie darüber geklagt, daß sie keinen Zugang zu den Dingen oder Beziehungen hätten, die ihnen Befriedigung geben könnten. Da gab es Beschreibungen von tiefer Einsamkeit, denen die Behauptung folgte, es gäbe in ihrem Leben niemanden, der sie liebte. Wenn sie verheiratet waren, hatten sie das Gefühl, ihre Partner würden sie nicht genug lieben. Die, die allein waren, waren sich ganz sicher, daß ihre Einsamkeit auf ihr Unverheiratetsein zurückführen wäre. Die Einsamkeit, die sie empfanden, bezeichneten sie als das Fehlen von Liebe, und in das »Auffinden« dieser Liebe wurde eine Menge Energie investiert.

Ich glaube, daß Erlöser emotional unterernährt sind. Nicht deswegen, weil die Tafel zu spärlich gedeckt wäre, sondern weil sie winzig kleine Münder haben, die unfähig sind, das Festmahl zu genießen. Das, wonach ein Mensch sich sehnt, sagt nichts darüber aus, was das Leben zu bieten hat. Im Gegenteil: Die Art der Bedürfnisse zeigt an, welche Teile des Lebens dieser Mensch derzeit zu erfahren in der Lage ist. Bei all meinen persönlichen und beruflichen Beobachtungen habe ich noch nie jemanden getroffen, der fähig gewesen wäre, mehr Liebe und Fürsorge anzunehmen, als er zu dem Zeitpunkt bekam. Wenn eine neue Beziehung oder Affäre mehr zu versprechen schien, dauerte es nicht lang, bis der Glanz verblaßte, die Beziehung sich als enttäuschend erwies und der Betreffende sich wieder einsam fühlte.

Es ist vielfach gezeigt worden, daß wir andere nur so stark lieben können, wie wir selbst Liebe empfangen haben. Untersuchungen zeigen, daß sich Säuglinge, die vernachlässigt werden und keine Bindung zu einem Elternteil oder einer anderen Bezugsperson aufbauen, häufig in sich selbst zurückziehen und nicht mehr reagieren. Diese Menschen haben als Erwachsene große Schwierigkeiten, herzliche Beziehungen herzustellen. Wir alle sind in dieser Hinsicht

extrem verletzbar. Wir sind vollkommen davon abhängig, daß jemand uns liebt, damit wir auch lieben können.
Die christliche Botschaft spricht diese tiefgreifende Abhängigkeit an, wenn sie sagt, Gott habe uns *zuerst* geliebt. Als wir noch ungeliebt und unfähig zu lieben waren, hat Gott uns geliebt und damit unsere Fähigkeit erweckt, selbst zu lieben. Diese spirituelle Realität durchdringt unsere Beziehungen. Selbst diejenigen von uns, die sich in der Erlöser- Falle verheddert hatten, sind alle irgendwann, irgendwo, von irgendjemandem mit Liebe versorgt worden. Vielleicht haben wir die Liebe unserer Eltern, unserer Geschwister oder anderer Familienmitglieder genossen. Es könnten auch Freunde gewesen sein, die uns irgendwann im Leben Anzeichen von Liebe geschenkt haben, die unsere Fähigkeit zu lieben wieder verstärkt haben. Unabhängig von unserer Möglichkeit, Liebe anzunehmen, ist uns unser ganzes Leben lang Liebe angeboten worden.
»Wer bietet dir jetzt Liebe an?« fragte ich Gary.
»Nun«, er zögerte, »du vermutlich. Du hörst mir zu, und du scheinst zu verstehen. Du hast mich nicht wegen all meiner Fehler verurteilt.«
»Vielleicht ist diese Beziehung dann ein guter Ausgangspunkt«, schlug ich vor. »Wenn du das Nährende an unserer Beziehung besser annehmen kannst, mehr vertrauen kannst, wirst du auch besser in der Lage sein, dich auf das Risiko der Vertrautheit in deinem persönlichen Leben einzulassen. Vielleicht mit Annie.«
Gary seufzte tief. »Es scheint ein so winziger Schritt zu sein, zu winzig. Dir zu vertrauen, ist eine Sache. Annie wieder zu vertrauen scheint mir unmöglich. Ich frage mich, ob ich so viel Geduld habe.«
Der Wachstumsprozeß erfordert in der Tat viel Vertrauen, denn es ist eine Reise. Du wirst nicht eines Tages an einem Ziel »ankommen« oder für »geheilt« erklärt werden. Diese Reise ist vielmehr eine Reihe von Entscheidungsmöglichkeiten. Die Lügen der Erlöser-Falle haben vielleicht dazu geführt, daß du deinen eigenen Wert anzweifelst und deine Fähigkeit einschränkst, in einer Beziehung zu leben. Hast du die Erlöser-Falle losgelassen, stehst du vor einer Wahl: Du kannst dich selbst der Liebe öffnen, die es gegenwärtig in deinem Leben gibt, oder zumachen und dir sagen, daß es da draußen eh niemanden gibt, den du kümmerst. Du kannst die Wahrheit akzeptieren oder dich an die Lügen klammern.
Diese Entscheidung zwischen Wahrheit und Täuschung fällt man

jeden Tag viele Male – manchmal in recht dramatischer Weise, meist aber auf eine leise, fast verborgene Art. Glaubst du an die Lügen der Erlöser-Falle und schließt aus ihnen, daß du die Liebe, die du bekommst, erst verdienen mußt? Bist du folglich in einer Beziehung gefangen, in der du nur gibst und der andere nur nimmt? Wenn du um irgendeine zusätzliche helfende Tat gebeten wirst, mit dem der geplante Familienausflug nicht zu vereinbaren ist, wie reagierst du dann: Opferst du ein vertrautes Zusammensein mit deiner Familie (hältst du an der Erlöser-Falle fest), oder schirmst du die wertvolle Zeit mit deinem Partner und deinen Kindern dagegen ab? Wenn ein Mitglied der Familie in der Zeit, die deiner persönlichen Meditation vorbehalten ist, um deine Aufmerksamkeit bittet, entscheidest du dich dann, dein eigenes Bedürfnis nach innerer Stärkung zu beschützen oder zu vernachlässigen?

Wenn du zur Erlöser-Falle »nein« und zu Wachstum und Vertrautheit »ja« sagst, dann wählst du Liebe – und wenn du Liebe wählst, vergrößerst du zugleich deine Fähigkeit, Liebe zu schenken und zu empfangen. Wenn du dein Wachstum und die Gelegenheiten für Vertrautheit opferst, bindest du dich selbst wieder an die Erlöser-Falle. Diese Entscheidungen mögen zwar gering erscheinen, aber wir erhalten ständig Gelegenheiten, den nächsten winzigen Schritt auf unsere Heilung zu oder von ihr weg zu tun.

Hat man diesen Prozeß erst einmal verstanden und angenommen, richtet sich die Aufmerksamkeit dahin, wo sie hingehört: unsere Fähigkeit zu steigern, Liebe anzunehmen und zurückzugeben. Wir brauchen uns dann nicht mehr auf die Jagd nach Liebe zu machen, als handle es sich dabei um etwas, das uns auszuweichen versuche. Wir können uns darauf konzentrieren, an dem Prozeß des Wachstums mitzuwirken, und unsere Augen der Tatsache öffnen, daß es in unser aller Leben, gerade jetzt, mehr Gelegenheiten für Freude, Stärkung, Vertrautheit und Liebe gibt, als wir derzeit zu genießen in der Lage sind. Freiheit von der Erlöser-Falle stellt uns vor die Herausforderung zu lernen, etwas von anderen anzunehmen, zu vertrauen, zu teilen und uns dem Nährenden der Liebe an sich zu öffnen. *Liebe an sich ist genug.*

Anhang

Wie du die Hilfe findest, die du brauchst

Einzeltherapie

Eine der mühsamsten und unangenehmsten Aufgaben für einen Erlöser, der sich aus der Falle befreien will, ist vielleicht die, jemanden zu finden, der ihm dabei helfen kann. Erlöser schaukeln auf den Wellen ihrer neu entdeckten Emotionen und brauchen daher oft den Schutz, die Anleitung oder die Strukturen, die ihnen geschulte Psychotherapeuten und spirituelle Führer bieten können. Dabei kommt es entscheidend darauf an, nicht an jemanden zu geraten, der *selber* den Erlöser spielt. Es ist oft schwierig, einen geeeigneten Therapeuten zu finden, da einige unter denen, die sich zu solchen Tätigkeiten hingezogen fühlen, selber zu den Erlöser-Beratern gehören. Wenn du an so jemanden gerätst, wird er nicht verstehen, warum du in der Beratung bist, denn er hat ja auch keinerlei Einsicht in die Frage, warum er die Rolle des Therapeuten übernommen hat. Sollte er dennoch einen Blick auf das erhaschen, womit du ringst, kann das bei ihm das Gefühl auslösen, beleidigt oder sabotiert zu werden. Du wirst womöglich unabsichtlich die Probleme des Therapeuten aufdecken und damit möglicherweise die therapeutische Beziehung wertlos machen.

Ich schlage vor, daß du deine Suche nach einem geeigneten Therapeuten so ähnlich gestaltest wie die Suche nach einem neuen Auto. Schreibe auf eine Liste, was du von ihm erwartest. Ich meine das ganz wörtlich. Setz dich hin und bringe alles zu Papier, was du von einem Therapeuten brauchst. Hier sind ein paar Punkte, die dir dabei vielleicht dienlich sein könnten:

1. *Suche einen geschulten Psychotherapeuten oder spirituellen Führer, zu dem du keine persönliche oder berufliche Beziehung hast.*

Es ist wichtig, jemanden zu finden, mit dem du deine innere Welt frei erforschen und überprüfen kannst, wie du mit Menschen in deiner äußeren Welt umgehen wirst. Es fällt einem Erlöser sogar unter allergünstigsten Bedingungen schwer, seine Verletzbarkeit zu enthüllen. Wenn es sich bei dem gewählten Therapeuten um einen Freund der Familie, ein Mitglied der Gemeinde, einen Arbeitskollegen oder jemanden handelt, der in irgendeiner Weise von dir abhängig ist, steht damit der Ehrlichkeit ein zusätzliches Hindernis im Weg.

Es ist von entscheidender Wichtigkeit, daß du einen Therapeuten findest, mit dem du ehrlich sein kannst, ohne dein berufliches oder persönliches Leben zu gefährden. Da so viele Erlöser in helfenden Berufen tätig sind, mag es sich als recht schwierig erweisen, einen Pfarrer, Therapeuten oder spirituellen Führer aufzutreiben, mit dem man beruflich keinen Kontakt hat oder hatte. In einigen Fällen wirst du diesen Menschen zwar bisher persönlich noch nicht kennengelernt haben, aber vielleicht bald feststellen, daß ihr wesentliche gemeinsame Beziehungen habt – vielleicht war er mit deinem besten Freund in der Schule, unterrichtet an der Sonntagsschule, die dein Vierjähriger besucht, oder sitzt im Beirat der Wohlfahrtsorganisation, für die du selbst arbeitest. In diesen Berufen sind die Verbindungen oft recht dicht, und es kann einige Mühe bedeuten, den richtigen Therapeuten zu finden. Einige Erlöser sind bekannte Lehrer, Schriftsteller, Pfarrer oder Unterhaltungskünstler. Wenn das auf dich zutrifft, kann dein Bekanntheitsgrad es noch schwieriger machen, jemanden zu finden, der dir erlaubt, ganz du selbst zu sein. Es mag sich sogar als notwendig erweisen, die Therapie in eine andere Stadt zu verlegen. Die Beziehung zwischen deinem Therapeuten und dir wird dann am wirkungsvollsten sein, wenn sie frei von konkurrierenden Rollen und einander überschneidenden Erwartungen ist.

2. *Such dir die professionelle Sachkenntnis, die in dir ein Gefühl von Vertrauen erzeugt.*

Um so viel Vertrauen zu deinem Therapeuten aufbauen zu können, daß bei dir die Bereitschaft entstehen kann, die Erlöser-Rolle loszu-

lassen, wirst du das Gefühl haben müssen, daß er fachlich mindestens so beschlagen ist, wie du selbst. Die meisten Erlöser glauben von sich, sie seien die besten, klügsten und einsichtsvollsten auf ihrem Gebiet. Es ist daher entscheidend, einen Therapeuten zu wählen, der dir ein Gefühl von Sicherheit und Zutrauen gibt.
Nimm dir die Freiheit, Therapeuten einem ähnlichen »Interview« zu unterziehen, wie du es auch mit Stellenbewerbern führen würdest. Frage sie nach ihrer Ausbildung, ihrer Zulassung und der Philosophie ihrer Therapie. Bitte sie um Erklärung, wenn sie Begriffe benutzen, die du nicht verstehst. Solltest du dich von ihrem Fachjargon verwirrt fühlen oder dir dumm vorkommen, wenn du nachfragst, könnte das ein Hinweis darauf sein, daß dies nicht der richtige Therapeut für dich ist. Du suchst jemanden, der sich seiner selbst und seiner Ausbildung sicher ist, nicht jemanden, der durch seine Rolle als Berater sein Selbstwertgefühl aufbauen will. Wenn er einem Interview nicht standhält, ist dieser Mensch möglicherweise auch nicht in der Lage, mit den Gefühlen umzugehen, die du in zukünftigen Sitzungen erforschen mußt. Wenn das Gespräch bei dir nicht den Eindruck von klarer Kommunikation und Sicherheit hervorruft, dann streiche den Therapeuten gleich von deiner Liste.

3. *Suche jemanden, der eine ähnliche Sicht der Welt hat.*
Dieser Punkt ist für jeden Erlöser wichtig. Wenn zwei Menschen miteinander an den inneren Bereichen von Geist und Psyche arbeiten wollen, müssen sie gemeinsame Grundvorstellungen davon haben, wie die Welt funktioniert. Bei der Wahl eines Therapeuten, und besonders bei der eines spirituellen Führers, ist es wesentlich, daß du dir über die Grundsätze im klaren bist, mit denen du dich wohl fühlst. Was sind deine spirituellen Glaubenssätze? Wie siehst du deine Rolle im Leben? Nimm dir die Freiheit, deine Glaubenssätze und Anliegen zu besprechen. Sollte es schwierig sein, diese Angelegenheiten in der Sitzung zu besprechen, ist dies wiederum möglicherweise nicht der richtige Therapeut für dich.

4. *Finde jemanden, der kein »praktizierender« Erlöser ist.*
Festzustellen, ob jemand ein praktizierender Erlöser ist, ist gar nicht so einfach, da man ihn vermutlich nicht wird fragen können: »Also, sind Sie nun ein Erlöser?« Bei der Beantwortung dieser Frage wirst

du dich wahrscheinlich auf kleine Hinweise verlassen müssen. Rast der Therapeut von einem Termin zum nächsten? Ist er offensichtlich überlastet? Das könnte daran liegen, daß er in der Erlöser-Falle gefangen ist und Probleme damit hat, »nein« zu sagen. Macht der Therapeut dich selbst für dein Verhalten verantwortlich, oder neigt er dazu, die Verantwortung für (und die Kontrolle über) dein Wachstum an sich zu ziehen? Ist der Therapeut allzu entgegenkommend? Allzu starr? Suche während deines Interviews nach solchen Hinweisen.

5. *Kümmere dich um deine zusätzlichen Anliegen.*
Vielleicht hast du zusätzliche Anliegen und spezielle Fragen. Nimm dir die Zeit, dir über deine Bedürfnisse klar zu werden und bringe sie in dem Interview zum Ausdruck.

6. *Entscheide dich für den Therapeuten, der für dich am besten ist.*
Viele Leute nehmen den ersten Therapeuten, auf den sie treffen, einfach deswegen, weil sie sich irgendwie dazu verpflichtet fühlen. Und es handelt sich bei dem Gefühl, man »solle« mit einem bestimmten Menschen weiterarbeiten, um dessen Gefühle zu schonen, ganz gewiß um eine typische Erlöser-Haltung. So führt ein weiterer Aspekt der Falle dazu, daß ein Erlöser unter Umständen für Therapiestunden zahlt, die ihm nicht helfen. Gestehe dir bei der Suche nach deinem Therapeuten zu, wählerisch zu sein. Schließlich bist du das wert.

Selbsthilfegruppen

Unterstützungs- und Selbsthilfegruppen haben schon längst bewiesen, daß sie einen wertvollen Beitrag dazu leisten, Heilung zu ermöglichen. In Selbsthilfegruppen kommen gleichartige Menschen zusammen, Leute, die mit ähnlichen Problemen kämpfen und einander auf der Reise zum Wachstum unterstützen können. Die Anonymen Alkoholiker haben beispielsweise schon seit langem Erfolg mit ihrer Hilfe für alkoholsüchtige Menschen. Nach diesem Modell sind eine Vielzahl von weiteren Gruppen gegründet worden, die in so unterschiedlichen Suchtbereichen wie Eßstörungen, Kindesmißhandlung und sexueller Dysfunktion Hilfe anbieten. Da das Erlöser-Verhalten deutlich auch eine Suchtkomponente hat, kann der Ansatz der Anonymen Alkoholiker für Menschen, die in der Falle sitzen, eine große Hilfe bedeuten.

Als genesender Erlöser ist die Erfahrung für dich wichtig, daß du genauso kaputt bist wie alle anderen, genauso wertvoll wie alle anderen, und daß deine Heilung genauso möglich ist wie die der anderen. Eine Möglichkeit, diese Realität zu erfahren, besteht darin, an einer unterstützenden Gruppe teilzunehmen.

Wenn man es mit einer solchen Gruppe für Erlöser zu tun hat, ist es wichtig, sich bewußt zu sein, in welche besonderen Fallen Erlöser gerne stolpern. Eine Erlöser-Gruppe hat insofern ein ganz eigenes Problem, als sie eine Versammlung von Gleichen darstellt, die sich alle nicht wohl dabei fühlen und keine Übung darin haben, miteinander auf der Ebene von Gleichheit umzugehen. Hingegen sind die Teilnehmer dieser Gruppen als Erlöser alle außergewöhnlich geübt darin, Führungsrollen zu übernehmen. Folglich wird jeder der Erlöser sich um die Rolle des Leiters bemühen. Dieser Wettkampf kann sowohl unterschwellig wie auch ganz offen ablaufen. Die Gruppenmitglieder werden ständig ein wachsames Auge auf diese Dynamik haben und die Aufmerksamkeit darauf lenken müssen, sobald es dazu kommt.

Um den speziellen Ansatz zu beschreiben, den die einzelnen Erlöser-Typen gern benutzen, um Kontrolle zu gewinnen und Vertrautheit auszuweichen, werde ich eine hypothetische Gruppe der »Anonymen Erlöser« beschreiben, deren Mitglieder sich aus den sieben Erlöser-Typen zusammensetzen:

Beglücker	Elizabeth	Rektorin
Schenker	Alicia	Alleinerziehende Mutter / Vorschullehrerin
Lehrer	Gary	Professor / Redner
Berater	Diana	Therapeutin
Kreuzritter	Jakob	Sozialarbeiter
Retter	Daniel	Rechtsanwalt
Beschützer	Paul	Pfarrer

Stell dir ein Wohnzimmer mit gemütlichen Stühlen, einem Sofa und Bodenkissen vor. Vor dem Sofa steht ein kleiner Tisch. Die Menschen laufen im Zimmer herum, sind offensichtlich unschlüssig, wo sie sich hinsetzen sollen.

Elizabeth: (schaut auf die Uhr) Nun, es ist zwar schon kurz nach sieben, aber es sind noch nicht alle da.

Alicia: (kommt mit einer Schüssel Plätzchen herein, die sie auf dem Tisch abstellt) Ich dachte, die bring ich mal mit, damit wir beim Reden auch was zu knabbern haben.

Gary: Prima. Elizabeth hat mich nur mit dem Versprechen überreden können, bei dieser Veranstaltung zu erscheinen, daß du auch kommen und deine berühmten Schokoladenplätzchen mitbringen würdest.

Alicia: Wenn sie nicht reichen sollten, kann ich noch welche aus dem Auto holen. Nach dem Treffen will ich noch ein paar von den Plätzchen und einige Lebensmittel bei Frau Alver vorbeibringen. Sie ist krank. Ich hoffe jedoch, noch ein paar für morgen übrig zu behalten. Meine Kinder feiern in der Schule ein Fest, und ich habe mich bereit erklärt, alles zu organisieren.

Elizabeth: (schaut wieder auf die Uhr) Also, es ist jetzt ungefähr zehn nach sieben. Bis auf Daniel sind alle da. Ich denke, wir sollten einfach anfangen. Setzt euch einfach, wohin ihr mögt.

Die Teilnehmer setzen sich. Alle Augen richten sich in ungemütlichem Schweigen auf Elizabeth, von der sie Anweisungen erwarten.

Elizabeth: Nun, ich werde den Anfang machen, aber ich will nicht zur Leiterin werden. Ziel dieser Gruppe ist es schließlich, uns gegenseitig als Gleiche zu unterstützen. Ich habe euch hierher eingeladen, weil ich erkannt habe, daß ich diese Unterstützung und einen Ort, an dem ich über alles reden kann, brauche. Wie sehen denn eure Erwartungen an die Gruppe aus?

Gary: Ich erwarte, daß Alicia jede Woche etwas Leckeres zu essen mitbringt. (Gelächter der Gruppe.)

Diana: In den Gruppen, die ich in meiner Praxis führe, gibt es Regeln über Vertraulichkeit. Ich möchte sicher sein, daß das, was ich hier sage, nicht weitergegeben wird.

Jakob: Dem stimme ich zu. Und ich möchte wissen, was wir eigentlich erreichen wollen. Ich habe zu viel zu tun, als daß ich einfach hier rumsitzen und meine Zeit vertrödeln könnte.

Diana: Was würdest du denn gern erreichen?

Jakob: Das weiß ich nicht genau. Ich bin im Moment recht nervös, ich hab so ein Gefühl, als ob ich eigentlich Flugblätter falten sollte oder Briefe eintüten. Ich bin es nicht gewohnt, herumzusitzen und nichts zu tun.

Es klopft an der Tür, und Daniel kommt hereingerauscht.

Daniel: Tut mir leid, daß ich zu spät komme. Das war vielleicht ein Tag! Eine Krise nach der anderen. (Er steuert direkt auf das Telefon zu.) Ich bin gleich bei euch, muß nur noch schnell beim Auftragsdienst Bescheid sagen, wo ich zu erreichen bin. So wie die Dinge gelaufen sind, müssen sie mich heute abend vielleicht noch erreichen.

Die Gruppe wartet, bis Daniel zurückkommt.

Daniel: Ich sollte mir wirklich einen Piepser anschaffen.

Gary: Daniel, wir haben gerade darüber gesprochen, was wir uns von dieser Gruppe erwarten. Bisher hat Diana versucht, uns zur Geheimhaltung zu verschwören, und Jakob, uns zu einer größeren Briefkampagne zu überreden.

Paul: (lächelnd) Gary übertreibt wie üblich.

Gary: Was denkst du denn, warum so viele Leute zu meinen Vorträgen kommen? Etwa weil ich langweilig bin? Also, was erwartest du von dieser Gruppe, Daniel?

Daniel: Nun, ich brauche einen Ort, an dem ich Unterstützung spüre, an dem ich über einige meiner Zweifel reden kann. Das kann ich nicht in der Arbeit. Dort verlassen sie sich darauf, daß ich die Antworten habe.

Alicia: In meinem Leben sieht es auch so aus, als ob alle sich auf mich verlassen würden. Ich kann einfach nicht für jeden so da sein, wie ich es gern möchte. Einige Freunde waren schon beleidigt, wenn ich gesagt habe, ich könne nichts zu einem gemeinsamen Essen beisteuern oder mich nicht an einem Geschenk für das erste Baby beteiligen.

Diana: Wie hast du dich damit gefühlt?

Alicia: (Die Tränen steigen ihr in die Augen.) Ich gebe alles, was ich kann. Es tut weh, sie zu enttäuschen, aber es macht mich auch wütend zu sehen, daß das einzige, was meine sogenannten Freunde in meinem Leben hält, mein Schenken ist. Wenn ich mal etwas Raum brauche, sind alle verschnupft und verschwinden.

Diana: Hast du diese Gefühle zum Ausdruck gebracht?

Alicia: (zögernd) Wie bin ich hier eigentlich ins Kreuzfeuer geraten?

Paul: Diana versucht nur, dir zu helfen. Vielleicht sollten wir das Thema wechseln.

Diana: Tut mir sehr leid, Alicia. Ich wollte dir nicht zu nahe treten.

Paul: Für mich ist es am wichtigsten, daß wir sorgfältig mit den Gefühlen der anderen umgehen. Ich möchte mich nicht auf irgendso eine intensive Gruppe einlassen, in der wir einander aufregen.

Diana: (Klopft Alicia auf die Schulter.) Alles okay mit dir?

Alicia: (Entzieht sich.) Klar ist alles okay.

Das Telefon läutet. Elizabeth nimmt den Anruf entgegen.

Elizabeth: Daniel, es ist für dich.

Daniel geht zum Telefon, spricht kurz und zieht seinen Mantel über.

Daniel: Entschuldigung, aber das war ein Notfall. Ich muß sofort los.

Elizabeth: Bevor er geht, sollten wir beschließen, wann wir uns nächste Woche treffen wollen.

Gary: Diese Zeit paßt mir gut. Wie stehts mit euch? (Die Gruppe stimmt zu.)

Elizabeth: Okay, nächste Woche um dieselbe Zeit. Und laßt uns bitte versuchen, pünktlich anzufangen.

In diesem Teil des Gruppengesprächs schälen sich bereits die verschiedenen Erlöser-Stile heraus:

Elizabeth, der *Beglücker*-Typ, beschäftigt sich hauptsächlich mit der Struktur der Gruppe – Zeit, Ort, Sitzordnung. Sie hat jedoch Schwierigkeiten, an der Diskussion teilzunehmen, wenn es um Gefühle geht. Elizabeth zieht sich zurück, nachdem sie die Sitzung in Gang gebracht hat.

Alicia, der *Schenker*-Typ, bringt ihr Erlöser-Geschenk in Form von Plätzchen mit und erhält durch Garys Aufmerksamkeit die erhoffte Belohnung. Sie versucht, ihre Gefühle auszudrücken, fühlt sich aber sehr unwohl, als sie in ihren Tränen echte Gefühle zu zeigen beginnt.

Gary, der *Lehrer*-Typ, greift mit seinem Humor und den Fragen an die anderen Teilnehmer behutsam nach der Rolle des Leiters. Er achtet darauf, daß er oft spricht, aber dabei keine tiefen Gefühle zum Ausdruck bringt.

Diana, der *Berater*-Typ, wetteifert mit Gary um die Führungsrolle. Wie er neigt sie dazu, den anderen Teilnehmern Fragen zu stellen. Dianas Fragen sind jedoch gezielter und gefühlsorientierter als Garys. Ihr einer Beitrag über Vertraulichkeit entspringt mehr ihrer beruflichen Erfahrung, mit neuen Gruppen umzugehen, als daß er Ausdruck ihres eigenen Bedürfnisses nach Sicherheit wäre. Diana hat keinerlei Absicht, irgend etwas über sich selbst zu enthüllen, das vertraulich behandelt werden müßte, jedenfalls sicher nicht bei diesem ersten Treffen.

Jakob, der *Kreuzritter*-Typ, spürt ein Drängen, diese unterstützende Gruppe in eine aufgabenorientierte Gruppe umzuwandeln. Er hat das Bedürfnis, etwas zu »leisten«, was für ihn bedeutet, ein greifbares Produkt zu liefern. Die Gruppen, in denen sich Jakob am wohlsten fühlt, sind die mit festen Tagesordnungen und vielen Aktivitäten. Die Gespräche über Gefühle führen zu nichts Greifbarem, und daher verspürt Jakob die Angst, daß er »nichts« tut.

Paul, der *Beschützer*, hat den Eindruck, daß Alicia in Gefahr sei, als sie der Gruppe ihre Gefühle offenbart. Er kommt ihr in der Diskussion zu Hilfe und versucht, zwischen Alicia und Diana zu vermitteln. Seine Bemerkung darüber, daß er sich eine sichere Gruppe wünscht, soll Alicia als Schutz dienen. Seiner eigenen Bedürfnisse nach Sicherheit ist er sich noch nicht bewußt, da er seine eigenen Gefühle nicht zur Kenntnis nimmt und sich ausschließlich mit denen von Alicia beschäftigt.

Daniel, der *Retter*, kommt verspätet und geht dafür früher, ständig unterwegs von einer Krise zur nächsten. Er hat nichts zu sagen, wenn es nicht um eine Krise geht, und er leistet erst einen Beitrag, als er vermutet, Alicia sei so gequält, daß sie am Rande einer emotionalen Krise stünde. Sein Versuch, sie in die Rolle einer entsprechend Bedürftigen zu pressen, schlägt fehl, als Alicia sich zusammenreißt und getreulich eine Erlöser-Haltung einnimmt.

Dieses Beispiel einer Erlöser-Gruppe gibt einen Einblick, wie solche Gruppen hilfreich sein können. Die teilnehmenden Erlöser können mit der Zeit bewußter erkennen, wie die verschiedenen Stile sich äußern. Dabei kann es zunächst vorkommen, daß diejenigen in der Gruppe, die bereit sind, ihre Ängste offenzulegen, als bedürftig gebrandmarkt werden und auf diejenigen, die eher bereit sind, über ihre Fehler zu sprechen, mit Mißbilligung herabgeblickt wird. Wenn diese Erlöser-Stile jedoch abgelegt werden und die Gruppenmitglieder als Gleiche in Beziehung zueinander treten, wird die Heilung einsetzen. Wenn einzelne Teilnehmer sich hinter der Rolle des Fürsorgenden verstecken (und das werden sie ganz gewiß), ist es wichtig, daß die Gruppe sie darauf hinweist und als Gruppe damit umzugehen versucht.

Da es oft besonders aggressive Erlöser gibt, die versuchen, die Führung der Gruppe an sich zu reißen, kann es sich als nützlich erweisen, einen offiziellen Moderatoren hinzuzuziehen, der formal die Rolle des Leiters übernimmt. Das wird der Gruppe die für die teilnehmenden Erlöser möglicherweise notwendige Klarheit über die Rollen verschaffen. Die Anwesenheit eines erfahrenen Gruppenleiters gibt den Teilnehmern die Chance, ihr Verantwortungsgefühl für andere Gruppenmitglieder aufzugeben, und schenkt ihnen die Sicherheit, sich ihren eigenen Bedürfnissen zuwenden zu können.

Zusätzlich zu der Teilnahme an einer Gruppe, die direkt auf die

Bewältigung der Erlöser-Falle zielt, kann es hilfreich sein, bei Gruppen mitzuarbeiten, die sich um persönliches Wachstum im allgemeinen kümmern – natürlich nur, wenn du nicht die Leitung hast. Als Teilnehmer kannst du von Elterngruppen, Gebetsgruppen, Encountergruppen für Paare und so fort profitieren. Am hilfreichsten werden die Gruppen sein, die sich dem Ziel verschrieben haben, Gefühle unter Gleichen ausdrücken zu lernen, und die am wenigsten nützlichen diejenigen, bei denen es darum geht, »Informationen« zu erwerben, oder bei denen sich die Mitglieder hinter intellektuellen Debatten verstecken können.

Das Opfer-Täter-Erlöser-Reaktionsmuster als Ergebnis der Erfahrung, zum Opfer gemacht worden zu sein

Im folgenden Abschnitt stelle ich den theoretischen Rahmen vor, auf den sich dieses Buch stützt. Bisher ging es überwiegend um die Rolle des *Erlösers*. Im Unterschied zum Thema des Buches handelt dieses Modell von den Bewältigungsstrategien, die Menschen entwickeln können, wenn sie zu Opfern gemacht worden sind. Dabei ist die Rolle des Erlösers nur eine von drei möglichen Rollen, mit denen häufig auf diese Erfahrung reagiert wird. Diese Rollen sind: Opfer, Täter und Erlöser.
Das Verständnis des theoretischen Gerüsts kann zwar für jeden Leser nützlich sein, aber dieser Teil des Buches wendet sich in erster Linie an Fachleute auf dem Gebiet der geistigen Gesundheit, die möglicherweise unter ihren Klienten Menschen haben, die eine dieser drei Rollen einnehmen. Dieses Modell, das ich das Opfer-Täter-Erlöser-Reaktionsmuster (O-T-E-Reaktionsmuster) nenne, wird im folgenden beschrieben.

O-T-E-Reaktionsmuster – Zusammenfassung

Das Opfer-Täter-Erlöser-Reaktionsmuster ist ein theoretisches Modell, das auf klinischen Beobachtungen und Entwicklungen in der gegenwärtigen Literatur beruht. Es kann bei der Behandlung und Prävention von Kindesmißhandlung und als Augenmerk für künftige Forschungen und Beobachtungen dienen. Die Reaktionen von Kindern auf die verschiedensten Erfahrungen, in denen sie zu Opfern wurden, sind zwar vielfältig und komplex, aber einige Menschen, die als Kinder solche Erfahrungen machten, können das dadurch zu bewältigen versuchen, daß sie in das O-T-E-Reaktionsmuster schlüpfen.
Das O-T-E-Reaktionsmuster beschreibt drei Rollen, um die herum Menschen, die als Kinder zu Opfern wurden, vielleicht unbewußt ihre Identität und ihre Beziehungen gestalten:

1. Das Opfer verinnerlicht diese Erfahrung, indem es sich selbst als machtlos und Mißhandlung verdienend wahrnimmt und auch so auftritt.
2. Der Täter versucht die Erfahrung des Opfer-Seins dadurch von sich zu weisen, daß er sich selbst als machtvoll wahrnimmt und auch so auftritt und das Recht zu haben meint, die Grenzen anderer zu verletzen.
3. Der Erlöser versucht die Erfahrung des Opfer-Seins von sich zu weisen, indem er sich als Beschützer von Opfern oder als Opfer Umsorgender und als Überwachungsinstanz der Täter wahrnimmt und auch so auftritt.

Alle drei Rollen des O-T-E-Reaktionsmusters sind dysfunktionale Bewältigungsstile, da die Erfahrung des Opfer-Seins in der Kindheit von keinem der drei Spieler angemessen angesprochen oder gelöst wird. Das Opfer nimmt unbewußt die Erfahrung in sich auf, während der Täter und der Erlöser sie unbewußt leugnen. Ihr ungelöstes Kindheitstrauma wird zu einem Brennpunkt, um den herum Opfer, Täter und Erlöser unbewußt ihre Identität und ihre Beziehungen strukturieren. Die Therapie besteht darin, den Klienten zu helfen, alternative Bewältigungsstrategien zu entwickeln, die die Erfahrung des Opfer-Seins direkt ansprechen. Dann können die Klienten dazu ermutigt werden, eine Identität aufzubauen mit Beziehungsmustern, die auf der Sichtweise eines Nicht-Opfers beruhen.

Parameter des Modells vom O-T-E-Reaktionsmuster

Um das O-T-E-Reaktionsmuster sinnvoll anwenden zu können, ist es wichtig, seine Begrenzungen zu verstehen. Das O-T-E-Reaktionsmuster ist nicht als vollumfassende Erklärung dessen gedacht, wie Menschen auf die Erfahrung, zum Opfer gemacht worden zu sein, reagieren. Kein Modell kann die Realität oder auch nur ein bestimmtes Phänomen zur Gänze erklären. Unsere komplexe Welt stellt uns die Aufgabe, eine Vielfalt von Modellen und Theorien zu entwickeln, die als Einzelstimmen oder als Chor eingesetzt werden können, sollten sie sich als sachdienlich erweisen, und modifiziert oder verworfen werden können, sollten sie inadäquat sein. Das

O-T-E-Reaktionsmuster wurde entwickelt, um eine Lücke zwischen den derzeitigen Theorien über Reaktionsweisen auf die Erfahrung des Opfer-Seins zu überbrücken. Es erweist sich dann als besonders brauchbar, wenn es im Zusammenspiel mit anderen passenden theoretischen Gebäuden angewandt wird.

Das O-T-E-Reaktionsmuster spricht zwar auch die Rolle des Täters an, aber es soll nicht die komplexen Kräfte beschreiben, die dazu beitragen, ein Täterverhalten hervorzurufen. Diese Unterscheidung ist zentral. Das O-T-E-Reaktionsmuster beschreibt drei Rollen, die ein Mensch als Antwort auf die Kindheitserfahrung des Opfer- Seins entwickeln kann. Eine dieser Reaktionen kann es sein, in die Täter-Rolle zu schlüpfen. Das Gegenteil ist jedoch nicht notwendigerweise wahr. Zwar wurden viele der Erwachsenen, die andere angreifen und mißbrauchen, als Kinder zu Opfern gemacht, aber dieses Modell vertritt nicht die Vorstellung, daß alle Täter Opfer von Kindheitstraumata seien.

Die zur Erstellung dieses Modells herangezogene Literatur und die direkte Erfahrung, die in seine Entwicklung eingeflossen ist, stammt überwiegend aus dem Bereich der sexuellen Kindesmißhandlung. Folglich reflektiert das O-T-E-Reaktionsmuster die Eigenheiten dieser von Kindesmißhandlung betroffenen Population. Daher kann es sein, daß das O-T-E-Reaktionsmuster auf einige Opfer-Populationen besser anzuwenden ist als auf andere. Gewiß muß die Anwendung dieses Modells für jede Opfer-Population sehr sorgfältig und gewissenhaft überprüft werden.

Zudem ist es wichtig, die Begriffe zu klären, die in diesem Modell benutzt werden. In dem folgenden Abschnitt »Tendenzen in der Literatur« beziehen sich Begriffe wie »Opfer sexuellen Kindesmißbrauchs«, »Sexualtäter« und »Kinderschänder« gezielt auf Leute, die zu Opfern geworden sind oder selbst Kindesmißbrauch verübt haben. Im Abschnitt »O-T-E-Reaktionsmuster« bezeichnen die Begriffe »Opfer«, »Täter« und »Erlöser« nicht einzelne Individuen, die etwas mit Kindesmißbrauch zu tun hatten. Sie beschreiben vielmehr Rollen, die Menschen als Reaktion auf ihr Opfer-Sein einnehmen können. Die »Erfahrung des Opfer-Seins« beschränkt sich nicht auf sexuellen Kindesmißbrauch, sondern schließt jede Art von Situation ein, die die normale kindliche Entwicklung stört. Das »Opfer« ist nicht nur jemand, der traumatisiert worden ist, sondern eine *Rolle*, die aus einer Identität und einem Beziehungsmuster heraus eingenommen wird, die auf Machtlosigkeit und dem Gefühl beruhen, das Opfer-Sein verdient zu haben. Der Begriff »Täter« ist nicht auf die beschränkt, die Kindesmißhandlung ausgeübt haben, sondern bezeichnet eine *Rolle* mit einer Identität und einem Beziehungsmuster, die auf dem Gefühl beruhen, man hätte das Recht zu jeder Art von Verhalten einschließlich solchen, das die Grenzen anderer verletzt. Der Begriff »Erlöser« ist dem »Super-Helfer« vorbehalten, einer *Rolle*, die eine Identität und Beziehungsmuster umfaßt, die auf einem übertriebenen Verantwortungsgefühl für andere beruhen.

Tendenzen in der Literatur

In den letzten Jahren hat die Gesellschaft das Problem des sexuellen Kindesmißbrauchs »entdeckt«. Genauer genommen hat sie es zur Kenntnis genommen. In der Literatur konzentriert sich das Augenmerk zunehmend auf die Auswirkungen, die sexueller Kindesmißbrauch auf das weitere Verhalten des Opfers haben kann. Gruppen, die zum Gegenstand der Forschung wurden, setzten sich ursprünglich entweder aus Opfern oder aus Tätern zusammen.

Das Bewußtsein dafür, wie schwerwiegend dieses Problem ist, wurde durch eine Vielzahl von Untersuchungen geweckt, die die weite Verbreitung von Kindesmißbrauch und die negativen Auswirkungen auf das Opfer belegen.[1]

Die Reaktion auf das Opfer-Sein in der Kindheit ist bei jedem Kind anders und scheint von verschiedenen Faktoren beeinflußt zu werden. Dazu können gehören: das Alter des Kindes zum Zeitpunkt der Belästigung, die Dauer der Belästigung, das Ausmaß, in dem das Opfer Gewalt und physische Traumata erfahren hat, die Reaktionen anderer, wenn die Belästigung aufgedeckt wurde, und die Beziehung zwischen Täter und Opfer.[2]

Es gibt Hinweise darauf, daß die traumatisierenden Auswirkungen stärker sind, wenn es eine enge emotionale Bindung zwischen Täter und Opfer gibt.[3]

Während des sexuellen Mißbrauchsakts selber wird das Kind körperlich und / oder emotional vom Täter überwältigt und zu sexueller

Aktivität gezwungen. Manche Kinder reagieren auf diese Erfahrung des Opfer-Seins, indem sie eine Identität verinnerlichen, in deren Zentrum Hilflosigkeit und vergewaltigte Verletzbarkeit steht. MacFarlane bemerkt dazu:

Die meisten Kinder sind unvorbereitet und unfähig, sich gegen etwas zu schützen, was sie als ein Prärogativ der Erwachsenen sehen. Als Ergebnis davon verinnerlichen viele von ihnen ihre Rollen als Opfer in der sexuellen Beziehung und in dem breiteren Zusammenhang ihrer eigenen Welt. Die Einimpfung dieser »Opfer-Mentalität« in das Denken und die sich entwickelnde Persönlichkeit eines jungen Mädchens [kindlichen Opfers] ist vielleicht der heimtückischste Aspekt seiner sexuellen Ausbeutung. Sie durchdringt nicht nur die vielen Bereiche ihres Lebens, in denen es zu einer Neuinszenierung kommen kann, vielmehr handelt es sich dabei um ein Selbstkonzept, das extrem schwierig zu ändern ist und ein verheerender Quell von fortdauernder Selbstverachtung sein kann.[4]

Parallel zu der opfer-orientierten Forschung gibt es eine Reihe von Studien über Menschen, die solche Verbrechen begehen.[5]
Die Täter wurden als Gruppe ursprünglich als von der Opferpopulation getrennt gesehen. Das liegt möglicherweise an der allgemeinen Annahme, die Täter seien meist männlich und die Opfer weiblich. Viele der frühen Modelle zur Erklärung von Täter-Verhalten haben zwar Traumata und Erlebnisse der Kindheit berücksichtigt, aber es wurde selten über sexuelle Kindheitstraumata aus dem Leben der Täter berichtet.[6]
Erst seit wenigen Jahren sieht man, daß sexuelle Opfer und Sextäter oft die Erfahrung gemeinsam haben, daß ihnen physisch und / oder sexuell in der Kindheit Gewalt angetan worden ist.[7]
Groth stellt fest, daß die Mehrheit der Kinderschänder, mit denen er gearbeitet hat, als Kinder selber Opfer von Kindesmißbrauch waren. Er postuliert, daß diese jungen männlichen Opfer als Kinder ihr Kindheitstrauma dadurch zu überwinden suchten, daß sie die Rollen tauschten und eher als Täter denn als Opfer handelten.[8]
Die konzeptionelle Trennung zwischen Opfer und Täter ist durch Untersuchungen über weibliche Täter noch weiter verwischt worden.[9]
Die untersuchten Gruppen sind zwar zahlenmäßig klein, aber die ersten Untersuchungen deuten darauf hin, daß sexuelle Kindesmiß-

handlungen sehr wohl auch von erwachsenen Frauen begangen werden. Manche Fachleute meinen, daß dieses Verbrechen häufiger sei, als man bisher angenommen hat. Wie zu erwarten, sind erwachsene weibliche Täter meist in ihrer Kindheit Opfer von sexueller Gewalt geworden. Des weiteren scheint die Beziehung, die diese weiblichen Täter als kindliche Opfer zu dem Menschen hatten, der ihnen Gewalt angetan hat, auch die Art des Delikts zu beeinflussen, das sie später selber begehen.[10]
Im Rahmen neuartiger Behandlungsprogramme werden heute sexuell mißbrauchte Kinder, manche davon erst drei Jahre alt, identifiziert, die ihrerseits kleinere, wehrlosere Kinder mißbrauchen. All diese Beobachtungen legen den Schluß nahe, daß Kinder beiderlei Geschlechts auf die Erfahrung des Opfer-Seins so reagieren können, daß sie eine Identität, ein Verhaltensrepertoire und ein Beziehungsmuster entwickeln, das auf einer Täter-Rolle beruht.
Forschungsberichte über Inzest legen eine dritte Reaktionsmöglichkeit auf die Opfer-Erfahrung nahe. Manche Kinder, meist weibliche Inzestopfer, antworten auf diese Erfahrung damit, daß sie eine fürsorgliche Rolle annehmen. Der Prozeß der »Elternwerdung«, in dem ein Opfer die Rolle des Versorgenden annimmt, wird von D. Gelinas beschrieben:

Bei der Elternwerdung beginnt ein Kind, die Aufgaben der Eltern zu übernehmen; allmählich fängt es an, zu kochen und die Wäsche zu machen, besorgt das Geld, kümmert sich um die anderen Kinder oder sorgt auf andere Weise für die Eltern. Allmähliche und gewöhnlich unwissentliche Anleitung seiner Eltern bringt es dazu, nicht nur solche Aufgaben zu erfüllen, sondern auch Verantwortung für diese Funktionen zu übernehmen… Es beginnt, seine Selbstidentität um die Vorstellung herum zu bilden, daß es Verantwortung dafür trägt, für andere zu sorgen, daß diese aber umgekehrt keine Verantwortung haben, für das Kind zu sorgen. Im wesentlichen geht es davon aus, daß es kein Recht auf Gegenseitigkeit hat. Mit der Zeit erkennt es oft nicht einmal mehr, daß es auch berechtigte eigene Bedürfnisse hat.[11]

In der Fachliteratur gibt es keine Hinweise darauf, wie weit verbreitet eine solche Annahme der Versorger-Rolle ist und welches die üblichen Beziehungsmuster dessen sind, der diese Rolle übernommen hat. Die folgende Beschreibung will eine Antwort auf diese

Lücke geben und soll als Ausgangspunkt für weitere Diskussionen, Untersuchungen und Forschungen dienen.

Das Opfer-Täter-Erlöser-Reaktionsmuster

Kinder, die in einer Umgebung aufwachsen, die sie nicht zu Opfern macht, können die natürlichen Entwicklungsschritte durchlaufen. Die Eltern machen diesen Prozeß dadurch möglich, daß sie angemessene Rollengrenzen wahren, die den Kindern erlauben, sich den Aufgaben des Lebens in einem ihrem Alter angemessenen Tempo zu stellen. Wenn Kinder in einer Atmosphäre der Sicherheit aufwachsen, treten sie mit einer Identität ins Erwachsenenalter, die auf einem realistischen Gefühl für Macht und Verantwortung und einem verinnerlichten Selbstwertgefühl beruht. Menschen, die nicht zu Opfern gemacht worden sind, erkennen eher die Beziehungen zwischen ihrem Handeln und den daraus sich ergebenden Folgen und übernehmen eher die Verantwortung für ihre Entscheidungen.

Im Gegensatz dazu stört die Erfahrung des Opfer-Seins die natürliche Entwicklung des Kindes. Wenn Erwachsene Kindern Gewalt antun oder sie nicht beschützen, wird das Machtgefühl der Kinder beeinträchtigt. Diese Kinder werden gezwungen, vorzeitig die Aufgabe zu übernehmen, sich selbst zu schützen, und häufig wird ihnen auch noch die Schuld an der Mißhandlung zugewiesen. Folglich erfahren mißhandelte Kinder zugleich den Verlust von Macht und ein gesteigertes Verantwortungsgefühl. Zusammen mit der Erniedrigung, die oft mit emotionaler, physischer und sexueller Gewalt einhergeht, höhlt das die Selbstachtung des Kindes aus. Die Opfer von Mißbrauch entwickeln daher oft eine Identität, die auf einem schiefen Sinn für Macht und Verantwortung und einer niedrigen Selbstachtung basiert.

Kinder reagieren auf recht unterschiedliche Weise darauf, daß sie Opfer von Gewalt wurden. Drei der Reaktionsmöglichkeiten, für die sie sich unbewußt entscheiden können, sind das »Opfer«, der »Täter« und der »Erlöser«. In jeder dieser Rollen ringen sie mit einem gestörten Gefühl von Macht, Verantwortung und Selbstachtung. Im folgenden wird jede dieser drei Rollen in bezug auf jeden einzelnen dieser Bereiche beschrieben (einen Vergleich der O-T-E-Triade bietet die Tabelle auf S. 160 f.).

Das »Opfer«

Statt den Tätern die Verantwortung für ihr verletzendes Verhalten zuzuschreiben, kommen kindliche Opfer oft zu dem Schluß, daß etwas in ihrem eigenen Verhalten zu einer solchen Behandlung führte. Wenn ein Opfer von Mißbrauch einen eigenen Fehler zur Erklärung des Mißbrauchs einsetzt, übernimmt es die Rolle des »Opfers«. Auf einer unbewußten Ebene sagt das »Opfer«: »Ich werde schlecht behandelt, weil ich es nicht anders verdiene. Es geht mir so, weil ich ein ›Opfer‹ bin.« »Opfer« geben die Verantwortung für ihr eigenes Wohlergehen auf, fühlen sich aber dennoch verantwortlich und »schuldig«.

»Opfer«

Erste Reaktion auf das Opfer-Sein:	nimmt das Opfer-Sein in sich auf
Gefühl von Macht:	gibt die Kontrolle auf
Gefühl von Verantwortung:	fühlt sich »schuldig«
Selbstachtung:	niedrig

»Opfer« neigen dazu, die Erfahrungen, die sie als Opfer in der frühen Kindheit gemacht haben, in den Beziehungen, die sie als ältere Kinder und Erwachsene aufnehmen, wieder herzustellen. So entscheiden sich beispielsweise »Opfer« für mißhandelnde Ehepartner und lassen es zu, daß sie selbst und ihre Kinder von ihnen mißbraucht werden. So tragen »Opfer« unbewußt dazu bei, die Erfahrung des Opfer-Seins fortzuschreiben. Ich möchte klargestellt wissen, daß ich nicht der Ansicht bin, die Opfer von Mißbrauch seien selbst für ihr Trauma verantwortlich. Diese Verantwortung ruht ausschließlich auf den Schultern derjenigen, von denen sie mißbraucht worden sind. Menschen jedoch, die eine Identität als »Opfer« entwickeln, machen von ihrer tatsächlich vorhandenen Macht, sich selbst zu schützen, keinen Gebrauch und nehmen ständig weiter an mißbräuchlichen Beziehungen und Situationen teil. »Opfer« tragen insofern zur Fortsetzung des Mißbrauchs bei, als sie sich bewußt oder unbewußt einem fortwährenden Opfer-Sein unterwerfen. Sie scheinen nach Krisen und Beziehungen, in denen sie zu Opfern werden, »süchtig« zu sein.

Opfer-Täter-Erlöser-Reaktionsmuster

	Opfer	*Täter*	*Erlöser*	*Alternative*
erste Reaktion auf das Opfer-Sein	nimmt das Opfer-Sein in sich auf	leugnet das Opfer-Sein	leugnet das Opfer-Sein	anerkennen des Opfer-Seins
Gefühl von Macht	gibt die Kontrolle auf	übernimmt die Kontrolle	übernimmt die Kontrolle	Kontrolle beibehalten
Gefühl von Verantwortung	fühlt sich schuldig; übernimmt Verantwortung für den Täter	hat das Gefühl, im Recht zu sein; übernimmt keine Verantwortung für das eigene Verhalten	Größenwahn; übernimmt Verantwortung für das eigene Verhalten und das von »Opfer« und »Täter«	nur für sein eigenes Verhalten verantwortlich
Selbstachtung	niedrig	niedrig	niedrig	positive
Fähigkeit, Grenzen zu setzen	kann keine Grenzen setzen; kann sich und andere nicht stärken oder schützen	kann sich keine Grenzen setzen; dringt destruktiv in die Räume anderer ein	kann sich keine Grenzen setzen; dringt unter dem Vorwand des Helfens in die Räume anderer ein	fähig, sich selbst Grenzen zu setzen; schützt und stärkt sich und andere

	Opfer	*Täter*	*Erlöser*	*Alternative*
Fähigkeit zu Empathie	selbstbezogen, nicht fähig zu Empathie; sich der Bedürfnisse anderer nicht bewußt	selbstbezogen, nicht fähig zu Empathie; sich der Bedürfnisse anderer nicht bewußt; sieht andere als Objekte, die seine Bedürfnisse befriedigen	selbstbezogen; nicht fähig zu Empathie; sich der Bedürfnisse anderer nicht bewußt; übermäßig identifiziert und verstrickt mit anderen	auf sich selbst und andere bezogen; fähig zu Empathie, ohne sich mit anderen zu verstricken
Beziehungen zu anderen	unfähig, Beziehungen zu Gleichen zu entwikkeln; wird von »Tätern« verletzt; braucht »Erlöser«, damit diese ihn vor »Tätern« beschützen	unfähig, Beziehungen zu Gleichen zu entwikkeln; braucht »Opfer« und sucht »Erlöser«, die sein destruktives Verhalten zügeln; benutzt »Opfer«, um eigenen Schmerz zu erfahren	unfähig, Beziehungen zu Gleichen zu entwikkeln; versucht »Opfer« zu beschützen, zügelt das destruktive Verhalten von »Tätern«; benutzt »Opfer«, um eigenen Schmerz zu erfahren	fähig, Beziehungen zu Gleichen zu entwikkeln; erfährt eigene Gefühle unabhängig von anderen

Der »Täter«
Eine zweite Möglichkeit, wie ein Mißbrauchsopfer reagieren kann, ist, die Rolle des »Täters« anzunehmen. Zum »Täter« wird derjenige, der unbewußt damit kämpft, die Vorstellung abzuweisen, daß sein Opfer-Sein auf seine eigene Unterlegenheit zurückzuführen sei. Der Wert dieses Kampfes liegt darin, daß der »Täter« den Anspruch zu erheben versucht: »Ich habe eine solche Behandlung nicht verdient. Ich bin kein ›Opfer‹.« Statt sich direkt mit der Erfahrung des Opfer-Seins auseinanderzusetzen, neigt der »Täter« jedoch dazu, das Vorkommen oder die Auswirkungen solcher schmerzhaften Ereignisse und die anschließenden Gefühle von Hilflosigkeit zu leugnen. Den Versuch, die Selbstachtung aufrechtzuerhalten, kann man zwar als positiv bewerten, aber der »Täter« entscheidet sich, sich mit der machtvollen Rolle des Angreifers zu identifizieren. In dieser Rolle gibt ein Mensch die Verantwortung für sein eigenes Verhalten auf und versucht, Macht über andere auszuüben.

»Täter«

Erste Reaktion auf das Opfer-Sein:	leugnet das Opfer-Sein
Gefühl von Macht:	übernimmt die Kontrolle
Gefühl von Verantwortung:	fühlt sich zu allem berechtigt, übernimmt aber keine Verantwortung für das eigene Verhalten
Selbstachtung:	niedrig

Obwohl sie die Erfahrung des Opfer-Seins leugnen, sind die »Täter« dennoch davon betroffen. Da sie getrieben sind, diesen inneren Schmerz aufzulösen, scheinen »Täter« sich dazu hingezogen zu fühlen, wieder Verbindung mit diesem Trauma aus der Kindheit aufzunehmen. »Täter« versuchen, die Situation, in der sie zu Opfern wurden, dadurch immer wieder neu zu schaffen, daß sie jemanden mißbrauchen, der sie vielleicht an ihre eigene Verletzbarkeit als Kind erinnert. Der Akt, einen anderen Menschen zum Opfer zu machen, dient offenbar dazu, vorübergehend die innere Spannung auszugleichen. »Täter« ziehen Befriedigung daraus, wieder jeman-

den zum Opfer zu machen, da sie ihr eigenes Opfer-Sein auf einen anderen Menschen projizieren und ihn zwingen, den Schmerz zu ertragen, den sie selbst sich zu spüren weigern. Ihr Bedürfnis, andere zu Opfern zu machen, kann zu einer Sucht werden.
Manche »Täter« mißbrauchen andere auf ähnliche Weise, wie es ihnen selbst widerfahren ist, was den Gedanken nahelegt, daß dieses »spiegelbildliche« Verhalten das Ergebnis erlernter Beziehungsmuster sein könnte. Um ihre Kindheit neu erstehen zu lassen, wählen »Täter« Beziehungen zu »Opfern« aus oder bauen solche Beziehungen auf.

Der »Erlöser«
Die Wahl des Begriffs »Erlöser« mag einer Erklärung bedürfen. Während »Opfer« und »Täter« Begriffe sind, die von Fachleuten, die auf dem Gebiet des Kindesmißbrauchs arbeiten, normalerweise verwendet werden, ordnet man den Begriff »Erlöser« gewöhnlich dem religiösen oder theologischen Bereich zu. Ich habe mich für das Wort »Erlöser« entschieden, weil seine einzigartige Eigenschaftskombination am besten die Bestandteile dieser Rolle widerspiegelt. Traditionell bezeichnet der Begriff des Erlösers einen Boten Gottes. Für manche *ist* der Erlöser Gott. Zugleich ist der Erlöser jemand, der sich um andere sorgt, für sie leidet und schließlich im Dienste anderer geopfert und zum Märtyrer wird. Ich habe die Bezeichnung »Erlöser« bewußt verzerrt, um jeden zu beschreiben, der unabhängig von seinen theologischen Glaubensvorstellungen ein bis zum Größenwahn übersteigertes Gefühl von Verantwortung und Macht hat. Auch »Erlöser« leiden unter niedriger Selbstachtung und lassen es zu, daß sie einer Sache geopfert werden, bei der es sich scheinbar um die Sorge für andere handelt.
Der »Erlöser« kämpft wie der »Täter« darum, das Vorkommen und die negativen Auswirkungen des Opfer-Seins zu leugnen. Der »Erlöser« besteht darauf, daß er kein »Opfer« sei, übernimmt aber zugleich unbewußt die Verantwortung für den geleugneten Übergriff. Da er ein Gefühl von Macht und Kontrolle zurückgewinnen muß, zugleich jedoch nicht bereit ist, die Rolle des »Täters« zu übernehmen, entscheidet sich der »Erlöser« unbewußt für die machtvollste Rolle, die zur Verfügung steht, die des Helfers. Diesem Ansatz gelingt es jedoch nicht, daß der »Erlöser« vor den negativen

Auswirkungen des Traumas geschützt wäre. Der »Erlöser« entwickelt vielmehr ein unrealistisches Gefühl von Verantwortung und eine niedrige Selbstachtung.

»Erlöser«

Erste Reaktion auf das Opfer-Sein:	leugnet das Opfer-Sein
Gefühl von Macht:	übernimmt die Kontrolle
Gefühl von Verantwortung:	Größenwahn
Selbstachtung:	niedrig

Anders als die »Täter« versuchen die »Erlöser« nicht, »Opfer« zu »erschaffen«. »Erlöser« versuchen statt dessen, »Opfer« zu »retten«. Sie werden zwar von den gleichen unbewußten Bedürfnissen getrieben wie die »Täter«, aber »Erlöser« externalisieren ihren Schmerz dadurch, daß sie Menschen zu helfen versuchen, die in einer Weise verletzt worden sind, die sie an ihre eigenen schlimmen Kindheitserfahrungen erinnert. Das Bedürfnis des »Erlösers« zu heilen hat eine ähnlich zwanghafte Seite wie das des »Täters« zu verletzen. Sowohl »Erlöser« wie »Täter« können nach Beziehungen zu »Opfern« süchtig werden.

Vergleich der O-T-E-Triade

Die Fähigkeit, Grenzen zu setzen
Menschen, die eine dieser drei Rollen angenommen haben, sind nicht in der Lage, in Beziehungen angemessene Grenzen zu setzen oder einzuhalten. »Opfer« können weder sich selbst richtig versorgen noch in Beziehungen zu anderen schützende Grenzen aufbauen. »Täter« neigen dazu, in destruktiver und eigennütziger Weise in den emotionalen und physischen Raum anderer Menschen einzudringen. Viele »Täter« tun anderen Gewalt an und sind blind dafür, daß sie ihnen mit ihrem Verhalten Schaden zufügen. Auch »Erlöser« dringen in den emotionalen und physischen Raum anderer ein, aber sie tun dies unter dem Vorwand, helfen zu wollen. »Erlöser« sind sich wie »Täter« selten der schädlichen Auswirkungen ihres Verhaltens bewußt.

Ebenso wie »Opfer« setzen auch »Erlöser« selten Grenzen, die ihrem Selbstschutz dienen. Es ist für sie typisch, daß sie ihre eigenen Bedürfnisse vernachlässigen, selbst bis zu dem Punkt, daß sie leugnen, überhaupt welche zu haben. Statt dessen engagieren sie sich übermäßig für die Sorge um andere (einen Vergleich der O-T-E-Triade bietet die Tabelle auf S. 160 f.)

Macht und Verantwortung
Da sie nicht fähig sind, vernünftige Grenzen aufzustellen oder zu respektieren, verstricken sich die Menschen in diesen drei Rollen. Völlig unangemessen verbreiten sie ein Gefühl von Macht und Verantwortung. »Täter« meinen, sie seien berechtigt, sich bei jedem das zu holen, was sie wollen, daß sie aber für die Folgen ihrer Handlungen nicht verantwortlich zu machen seien. Während der »Täter« die angemessene Verantwortung aufgibt, nehmen sowohl der »Erlöser« wie das »Opfer« diese Verantwortung an. »Opfer« sehen in sich selbst die Ursache für das verletzende Verhalten der »Täter«. »Erlöser« versuchen, die Handlungen der »Täter« zu zügeln.

O-T-E-Vergleich von Macht und Verantwortung

	Macht	*Verantwortung*
»Opfer«	gibt Kontrolle auf (-)	übernimmt Verantwortung (+)
»Täter«	übernimmt Kontrolle (+)	gibt Verantwortung auf (-)
»Erlöser«	übernimmt Kontrolle (+)	übernimmt Verantwortung (+)

Der »Erlöser« ist wie der »Täter« von einer Beziehung zum »Opfer« abhängig und nach ihr süchtig, denn das »Opfer« gibt beiden stellvertretend die Möglichkeit, den eigenen inneren Schmerz zu erfahren, den sie nicht anerkennen wollen. Beide versuchen auf unterschiedliche Weise das »Opfer« zu kontrollieren. Der »Täter« beherrscht das »Opfer« durch Zwang und Gewalt, während der »Erlöser« durch eine »helfende« Beziehung Macht über das »Opfer« erhält. »Opfer«, die unter der Kontrolle eines »Täters« stehen, nehmen oft offensichtlicheren Schaden, als wenn sie von »Erlösern« beherrscht werden. Aber dennoch verletzt auch der »Erlöser« die Grenzen des »Opfers« durch »wohlmeinende« Kontrolle.

Das »Opfer« wird sowohl vom »Täter« wie vom »Erlöser« zum Opfer gemacht, die es beide daran hindern, angemessene Kontrolle über sein eigenes Leben auszuüben. Bei der ursprünglichen Erfahrung, zum Opfer von Gewalt zu werden, erhält das »Opfer« vom »Täter« die Botschaft: »Du bist minderwertig. Du verdienst diese Mißhandlung.« Der »Erlöser« erneuert diese Erfahrung des »Opfers« dadurch, daß er ihm im Rahmen der angeblich helfenden Beziehung mitteilt: »Ich stimme dem ›Täter‹ zu. Du bist minderwertig und brauchst mich, um dich vor dem ›Täter‹ zu schützen.« Weder »Täter« noch »Erlöser« vermitteln dem »Opfer« ein Gefühl von Selbstwert.

Fähigkeit zu Empathie
Empathie erfordert, sich über den eigenen Erfahrungshorizont hinauszubegeben, um die Gefühle eines anderen Menschen zu verstehen oder sogar zu erfahren. »Opfer« sind im allgemeinen selbstbezogen und unfähig, irgendwelche anderen Schmerzen zu fühlen als ihre eigenen. Auch »Täter« sind selbstbezogen, und da sie ihre eigenen Erfahrungen als Opfer leugnen, sind sie nicht in der Lage, die Schmerzen eines anderen zu spüren, besonders nicht die der »Opfer«. Unter diesen drei Rollen scheint der »Erlöser« am ehesten die Fähigkeit für Empathie zu haben, aber in Wirklichkeit ist er genausowenig in der Lage, wahres Mitgefühl zu empfinden, wie der »Täter« oder das »Opfer«.
»Erlöser« brauchen den Schmerz des »Opfers« für den Versuch, stellvertretend eigene Traumata aus der Kindheit zu lösen. Folglich neigen sie dazu, nur die Gefühle zu spüren, die aus ihnen selbst entspringen. »Erlöser« machen zwar vielleicht den Eindruck, sie zeigten Empathie, aber sie sind dafür anfällig, ihre eigenen Gefühle auf die »Opfer« zu projizieren, und unfähig, andere als eigenständige Menschen mit einzigartigen Erfahrungen und Gefühlen zu sehen.

Zusammenspiel in der O-T-E-Triade
Jedes Mitglied der Triade braucht die anderen beiden, um sein Gleichgewicht aufrechtzuerhalten, aber meistens reduzieren sich die Triaden zu Dyaden, da die Anwesenheit von allen drei Spielern meist das Gleichgewicht der Beziehungen überstrapaziert. Es ist absolut üblich, diese Spieler in Zweier-Mannschaften zu finden, also

als Gespanne von »Opfer«-»Täter«, »Opfer«-»Erlöser« oder »Täter«-»Erlöser«.
Jede dieser drei Rollen ist für süchtige Verhaltensmuster anfällig. »Opfer« werden süchtig nach Krisen und Situationen und Beziehungen, in denen sie mißbraucht werden. »Täter« werden nach Situationen und Beziehungen süchtig, in denen sie »Opfer« schaffen. Und »Erlöser« werden süchtig nach Krisen, nach der Möglichkeit, anderen zu helfen, und nach Beziehungen zu »Opfern« und »Tätern«.
Ich habe die Elemente des O-T-E-Reaktionsmusters als voneinander unterschiedene Kategorien präsentiert, obwohl sie sich in Wirklichkeit oft überschneiden. Da das Reaktionsmuster drei alternative Bewältigungsarten liefert, kann der Betroffene auch alle drei manifestieren: In manchen Situationen spielt er das »Opfer«, in anderen den »Täter« und in wieder anderen den »Erlöser«. Im allgemeinen übernimmt er eine der drei Rollen als dominante Identität und nutzt die anderen beiden als Ergänzungen. Ein gutes Beispiel für diese Dynamik ist eine meiner erwachsenen Klientinnen, die als Kind von ihrem Vater sexuell mißbraucht wurde. Obwohl sie jetzt erwachsen ist, spielt sie in ihrem Familienzusammenhang weiterhin die Rolle des »Opfers«. In ihrem Berufsleben – sie arbeitet auf dem Gebiet der geistigen Gesundheit – setzt sie ihren eigenen Klienten gegenüber, von denen viele Opfer von Belästigungen sind, die Rolle des »Erlösers« ein. Die »Täter«-Rolle manifestiert sich in ihrem Privatleben, wo sie emotional ausbeuterisch und grausam mit Männern umgeht.

Probleme der Therapie

Die Therapie muß darauf ausgerichtet sein, dem Klienten dabei zu helfen, alternative Reaktionen auf den Prozeß des Opfer-Werdens zu entwicklen, die es ihm ermöglichen, sich der ursprünglichen Erfahrung direkt zu stellen und sie aufzulösen. Zugleich gilt es zu vermeiden, daß man den Klienten nur von einem Punkt der Triade zu einem anderen schiebt.
Ein Beispiel dafür, wie diese Rollenverschiebung vor sich geht, bietet der Fall eines jungen Ehepaares, bei dem sowohl der Mann wie die Frau als Kinder belästigt worden waren. Der junge Mann war schon in der Volksschulzeit verschiedentlich den sexuellen

Angriffen einiger älterer Jungen ausgesetzt gewesen. Mit Anfang Zwanzig heiratete er eine junge Frau, die ihrerseits ein Inzestopfer war, was er aber damals nicht wußte. Sie fühlte sich zu ihm hingezogen, »weil er mich brauchte«, und die Ehe baute darauf auf, daß sie den »Erlöser« spielte, während er die ergänzende Rolle des »Opfers« übernahm.

Später begann das Paar wegen ehelicher Spannungen eine Therapie. Die Frau war die erste, die sich ihrem sexuellen Mißbrauch als Kind stellen konnte. Die Aufmerksamkeit, die nun ihren Erlebnissen als Opfer zukam, führte zu dem Ergebnis, daß das Paar die Rollen tauschte. Nun wurde die Frau zum »Opfer« und der Mann zum »Erlöser«. Sie entwickelte ein tiefes Gefühl von Hilflosigkeit und Ängstlichkeit, während er sich in einen fürsorglichen Beschützer verwandelte. Im Laufe der Behandlung wurde die Frau zunehmend wütender über ihre Erfahrungen in der Kindheit und richtete diese intensive Wut dann gegen ihren Mann. Sie begann ihn verbal und sogar tätlich anzugreifen und verschob so noch einmal die Dyade. Der »Täter« kam hervor, gespielt von der Frau. Und der Mann, der die Angriffe seiner Frau in einer Haltung resignierter Hilflosigkeit über sich ergehen ließ, übernahm wieder seine ursprüngliche Rolle des »Opfers«. Zu diesem Zeitpunkt war auch er dann bereit, seine Kindheitserfahrungen offenzulegen.

Der feste Rahmen dieser Triade muß durchbrochen werden, denn sonst könnte dieses Paar ein ganzes Leben damit zubringen, ständig nur die Rollen zu wechseln. Zudem ist es gut vorstellbar, daß die Therapeuten bei solchen Paaren fälschlich davon ausgehen, daß die Behandlung erfolgreich sei, da es so scheint, als würden die Klienten sich ihrer Wut stellen, Erlebnisse als Opfer enthüllen und die Kommunikation offener gestalten. Was da wie Wachstum aussehen mag, ist jedoch nur Bewegung innerhalb des O-T-E-Reaktionsmusters. Die Klienten wachsen nicht wirklich.

»Opfer«, »Täter« und »Erlöser« haben eines gemeinsam: die Erfahrung des Opfer-Seins. Der Schmerz dieses Kindheitstraumas muß ausgegraben, anerkannt und dann in einer Weise neu definiert werden, die es ermöglicht, das O-T-E-Reaktionsmuster abzulegen. In der ersten Phase des Anerkennens werden der »Täter« und der »Erlöser« am meisten Widerstand leisten, da sie beide ihre Identität um das Leugnen des inneren Schmerzes herum aufgebaut haben.

Diese Klienten werden vielleicht umfassende Erfahrungen mit ihrem Therapeuten machen müssen, um so viel Vertrauen zu entwikkeln, daß sie dem Streß solcher Selbstenthüllungen standhalten können. Bis der »Täter« und der »Erlöser« sich ihren Gefühlen von Mißbrauchtwerden stellen können, werden sie jedoch im O-T-E-Reaktionsmuster gefangen bleiben.

Sind diese Erfahrungen, das Opfer von Gewalt geworden zu sein, erst einmal anerkannt, müssen »Täter« und »Erlöser« ein realistisches Verständnis von Macht und Verantwortung erlangen. Die Klienten werden ermutigt, ihre Verantwortung für den Mißbrauch aufzugeben, aber sich das Gefühl von Kontrolle über ihr Leben zu erhalten. Das ist keine einfache Aufgabe, da der Therapeut leicht den Fehler macht, eine Dichotomie zwischen dem Opfer (nicht dem »Opfer«) und denjenigen, die die Mißhandlungen begehen, herzustellen.

Bei dem Versuch, die Opfer darin zu unterstützen, die Verantwortung für die an ihnen begangene Tat loszulassen, geschieht es natürlich oft, daß die »Schuld« auf den Schultern des Täters landet. Man kann jedoch davon ausgehen, daß alle Menschen, die an einem O-T-E-Reaktionsmuster teilgenommen haben, zu irgendeinem Zeitpunkt auch die Rolle des »Täters« übernommen haben. Wenn der Therapeut eine solche Dichotomie aufstellt, kann sich der Klient die Freiheit nehmen, nur die Gefühle und Erfahrungen anzuerkennen, die zu der Rolle des »Opfers« passen. Um Schuldzuweisungen aus dem Wege zu gehen, kann der Klient versuchen, jede Form von »Täter«-Verhalten oder -Impulsen zu verbergen. Wenn der Therapeut das Zusammenspiel der drei Rollen versteht, kann er diesen häufig vorkommenden Fehler vermeiden und statt dessen den Klienten ermutigen, Verantwortung für Entscheidungen zu übernehmen, die Selbstachtung aufbauen, statt in die Falle zu stolpern, einen »Bösen« finden zu müssen, dem man die Schuld zuweisen kann.

Wenn bei der Therapie eines »Täters« das Thema auf Macht und Verantwortung kommt, meinen Therapeuten versehentlich oft, es habe sich schon ein Fortschritt ergeben, während in Wirklichkeit der »Täter« einfach in die »Erlöser«-Rolle gewechselt ist. Ich habe auch verschiedene Projekte aufmerksam verfolgt, die der Öffentlichkeit »vorbildliche« »Täter« vorgestellt haben, Menschen, die aktiv dabei mithalfen, ihr Problem in den Griff zu bekommen, statt es fortleben zu lassen. Auch wenn es sicher besser ist, hilfreiches Verhalten mehr zu fördern als verletzendes, ist es für uns sehr wichtig zu begreifen, daß diese »neuen« »Erlöser« jederzeit zu ihrem »Täter«-Verhalten zurückkehren können, solange sie sich im O-T-E-Reaktionsmuster befinden. Ein »Täter« muß sich nicht so sehr darum kümmern, ein »Erlöser« zu werden, sondern darum, angemessene Grenzen für Macht und Verantwortung aufzubauen.

Während »Täter« ein umfassenderes Gefühl von Verantwortung entwickeln müssen, das auch ihr eigenes Tun miteinschließt, müssen »Erlöser« ihrem Größenwahn Grenzen setzen. Sie fühlen sich nämlich nicht nur für ihr eigenes Verhalten verantwortlich, sondern auch für die Entscheidungen der »Opfer« und der »Täter«. »Erlöser« brauchen oft Ermutigung, die Verantwortung für jeden außer sich selbst abzulegen. Sie brauchen die Erlaubnis, sich um ihre eigenen Bedürfnisse und ihren Schmerz kümmern zu dürfen.

Alle drei Rollen brauchen Unterstützung in einigen gemeinsamen Bereichen, etwa bei der Entwicklung von angemessenen und flexiblen Grenzen und einem positiven Selbstbild sowie dem Aufbau von Beziehungen, die auf Gemeinsamkeiten beruhen statt auf den einander ergänzenden, verwickelten Rollen von »Opfer«-»Täter«- »Erlöser«. Da das O-T-E-Reaktionsmuster eine Suchtkomponente hat, können die Betroffenen sowohl von individueller wie von Gruppentherapie als auch von Selbsthilfegruppen – zum Beispiel in der Art der Anonymen Alkoholiker – profitieren.

Die folgenden Charakteristika könnten Bestandteil alternativer Reaktionen sein, die Klienten entwickeln (einen Vergleich der O-T-E-Triade bietet die Tabelle auf S. 160 f.):

Alternative

Erste Reaktion auf das Opfer-Sein:	erkennt an, Opfer zu sein
Gefühl von Macht:	behält die Kontrolle
Gefühl von Verantwortung:	fühlt sich nur für sein eigenes Verhalten verantwortlich
Selbstachtung:	positive
Fähigkeit, Grenzen zu setzen:	kann sich selbst Grenzen setzen, beschützt und versorgt sich und andere

Fähigkeit zur Empathie:	ist auf sich selbst und andere bezogen, ist fähig, mit anderen Mitgefühl zu haben, ohne darin verwickelt zu werden
Beziehungen zu anderen:	ist fähig, Beziehungen zu Gleichen herzustellen, erfährt seine eigenen Gefühle unabhängig von anderen

Hinweise für den Therapeuten

Wenn die Therapie wirklich hilfreich sein soll, muß der Therapeut sich zunächst darüber klar werden, inwieweit er einem Klienten Alternativen zum O-T-E-Reaktionsmuster anbieten kann. Dazu gehört eine ehrliche Einschätzung der eigenen Neigung, sich auf »Erlöser«-Beziehungen mit Klienten einzulassen. Wenn der Therapeut mit einem Klienten eine »Erlöser«-Beziehung herstellt, wird der Wachstumsprozeß des Klienten, sei er nun »Opfer« oder »Täter«, behindert. Der »Erlöser«-Therapeut bemüht sich zwar redlich, Heilung und Wachstum im Leben des Klienten zu unterstützen, schreibt aber damit unabsichtlich das O-T-E- Reaktionsmuster fort. Ein Therapeut, der Klienten dabei helfen will, vernünftige Beziehungen aufzubauen, muß zunächst selber in Beziehungen leben, die nicht auf dem O-T-E-Reaktionsmuster beruhen. Die »Erlöser« unter den Fachleuten im Gesundheitswesen gehen mit anderen ausschließlich gemäß der O-T-E-Triade um und begrenzen ihre Beziehungen auf Klienten (»Erlöser«-»Opfer« oder »Erlöser«-»Täter«) oder auf andere »Erlöser«-Therapeuten (»Erlöser«-»Erlöser«). Sie neigen dazu, einen arbeitsssüchtigen Lebensstil zu entwickeln, zu viel in ihren Beruf zu investieren und sich zu stark auf ihre Klienten einzulassen. Und außerdem vernachlässigen sie oft ihr Privatleben und die Pflege von Beziehungen unter Gleichgestellten.
Der Erfolg einer Therapie hängt zunächst von der Fähigkeit des Therapeuten ab, sich den Inhalten der Gegenübertragung zu stellen, wenn sie in Beziehung zu seinen eigenen Kindheitserfahrungen stehen. Derjenige, dessen Bedürfnisse in der Therapie Vorrang haben, ist der Klient, nicht der Therapeut. Aber die eigenen nicht-

anerkannten und ungelösten Erfahrungen des Opfer-Seins können die Fähigkeit des Therapeuten beeinträchtigen, Mitgefühl für die Einzigartigkeit der Erfahrung eines jeden Klienten aufzubringen. Daraus können sich sowohl Überidentifikation mit der Hilflosigkeit des »Opfers« ergeben wie eine Tendenz, dem »Täter« die Schuld zuzuweisen. Therapeuten müssen sich, wenn sie es vermeiden wollen, den Klienten dazu zu benutzen, eigene ungelöste Erfahrungen als Opfer anzugehen, ihrer inneren Bedürfnisse, Schmerzen und Wut bewußt sein.

Die Notwendigkeit weiterführender Forschung

Bisher habe ich das O-T-E-Reaktionsmuster auf Beobachtungen und Erfahrungen aufgebaut, aber es bedarf weiterer Untersuchungen, um die Genauigkeit des Modells zu erproben. Unser Gesundheitssystem geht eher auf die Bedürfnisse von »Tätern« und »Opfern« ein und übergeht diejenigen des »Erlösers«. Bei vielen Menschen, die als Kinder ernsthaft traumatisiert worden sind, weil sie Opfer von Gewalt wurden, geht man einfach deswegen nicht davon aus, daß sie Hilfe brauchen, weil sie ihren Schmerz hinter der Maske des »helfenden« »Erlöser«-Verhaltens verstecken. Wie es so schön heißt, wird der, der am lautesten ruft, zuerst aus dem Wasser gezogen. »Erlöser« rufen zwar selten, aber sie haben ebensoviel Verständnis und Behandlung verdient und nötig, wie die, die man als »Opfer« und »Täter« erkennt.
Es sind Untersuchungen notwendig, die sich den entscheidenden Fragen des O-T-E-Reaktionsmusters widmen, beispielsweise spezifische Familienstrukturen zu identifizieren, die die Rollen als »Opfer«, »Täter« oder »Erlöser« fördern, und innere psychische Reaktionsmuster auf die Erfahrung des Opfer-Seins zu erforschen. Außerdem ist die weitere Erforschung der Rolle der Therapeuten und ihrer Empfänglichkeit für die »Erlöser«-Rolle erforderlich. Und schließlich eine vergleichende Untersuchung der derzeitigen therapeutischen Ansätze und Behandlungsprogramme, anhand derer man feststellen kann, welche von ihnen möglicherweise unabsichtlich das O-T-E-Reaktionsmuster verstärken, und welche echte Alternativen präsentieren.

Anmerkungen

1 Vgl. Landis, J.: Experiences of 500 children with adult sexual deviants. In: *Psychiatric Quarterly Supplement*, 1956, 30, S. 91-109; Finkelhor, David: Sexual victimization of children in a normal population. Vortrag vor dem Second International Congress of Child Abuse and Neglect, London, 11.-15. Sept. 1978; Finkelhor, David: *Sexually Victimized Children*. New York: Free Press, 1979; Russell, Diana: The incidence and prevalence of intrafamilial and extrafamilial sexual abuse of female children. März 1983; Finkelhor, David / Hotaling, Gerald: Sexual abuse in the national incident study on child abuse and neglect: an appraisal. In: *Child Abuse and Neglect*, 1984, 8, S. 23-31; Brown, Anela / Finkelhor, David: The impact of child sexual abuse – a review of the research. In: *Family Violence Research*, Juli 1984.

2 MacFarlane, Kee: Sexual abuse of children. In: J.R. Chapman / M. Gates (Hrsg.): *The Victimization of Women*. Beverly Hills: Sage, 1978, 3, S. 81-109; Gelinas, Denise: The persisting negative effects of incest. In: *Psychiatry*, Nov. 1983, 46, S. 312-332.

3 Sgroi, S.M.: Sexual molestation of children. In: *Children Today*, 1975, 4, S. 3.

4 MacFarlane, a.a.O.

5 Gebhard, P.H. / Gagnon, J. / Pomeroy, W. / Christenson, V.: *Sex Offenders: An Analysis of Types*. New York: Harper & Row, 1965; Groth, N.: Guidelines for assessment and management of the offender. In: *Sexual Assault of Children and Adolescents*. Lexington: Lexington Books, 1978; Groth, N.: *Men Who Rape: The Psychology of the Offender*. New York: Plenom, 1979; Groth, N. / Hobson, W.: The dynamics of sexual assault. In: L. Schlesinger / E. Revitch (Hrsg.): *Sexual Dynamics of Anti-Social Behavior*. 1983.

6 Shorr, M. / Speed, M.H. / Bartelt, C.: Syndrome of the adolescent child molester. In: *American Journal of Psychiatry*, 1965, 22, S. 783-789.

7 Longo, Robert / McFadin, Bradley: *Law and Order*, Dez. 1981, 29, S. 21-23; Groth, N.: Sexual trauma in the life histories of rapists and child molesters. In: *Victimology*, 1979, 4, S. 10-16.

8 Groth, N. / Hobson, W. / Gary, T.: The child molester: Clinical observations. In: *Social Work and Child Sexual Abuse*. New York: Haworth Press, 1982.

9 Finkelhor, David: *Child Sexual Abuse; New Theory and Research*. New York: Free Press, 1984.

10 McCarty, Loretta: Mother-child incest: Characteristics of the offender. In: *Child Welfare League of America*, Sept./Okt. 1986, 65, S. 5.

11 Gelinas, a.a.O.

Literaturhinweise

Beattie, Melody: *Die Sucht gebraucht zu werden*. München: Heyne, 1990.
Black, Claudia: *Mir kann das nicht passieren*. Wildberg: Boegner-Kaufmann, 1988.
Bolen, Jean: *Göttinnen in jeder Frau*. Basel: Sphinx, 1986.
Fortune, Marie Marshall: *Keeping the Faith: Questions and Answers for the Abused Woman*. San Francisco: Harper & Row, 1987.
Fortune, Marie Marshall: *Sexual Violence: the Unmentionable Sin*. New York: The Pilgrim Press, 1983.
Gallagher, Schwester Vera / William F. Dodds: *Speaking Out, Fighting Back: Personal Experiences of Women Who Survived Childhood Sexual Abuse in the Home*. Seattle: Madrona Publishers, Inc., 1985.
Hawkins, Paula: *Children At Risk: My Fight Against Child Abuse – A Personal Story and Public Plea*. Maryland: Adler and Adler Publishers, Inc., 1986.
Johnson, Robert A.: *Inner Work*. San Francisco: Harper & Row, 1986.
Johnson, Robert A.: *Der Mann. Die Frau*. München: Knaur, 1987.
Johnson, Robert A.: *Traumvorstellung Liebe*. Olten/Freiburg: Walter, 1985.
Jung, Carl G.: *Erinnerungen, Träume, Gedanken*. Olten/Freiburg: Walter, 1987.
Kelsey, Morton: *The Other Side of Silence: A Guide to Christian Meditation*. New York: Paulist Press, 1976.
Larsen, Earnie: *Stage II Recovery*. San Francisco: Harper & Row, 1987.
Larsen, Earnie: *Stage II Relationships*. San Franciso: Harper & Row, 1987.
Larsen, Earnie / Larsen Hegarty, Carol: *Days of Healing, Days of Joy*. San Francisco: Harper / Hazelden, 1987.
Leonard, Linda S.: *Töchter und Väter. Heilung und Chancen einer verletzten Beziehung*. München: Kösel, 1985.
McConnell, Patty: *A Workbook for Healing*. San Francisco: Harper & Row, 1987.
Maltz, Windy / Holman, Beverly: *Incest and Sexuality: A Guide to Understanding and Healing*. Lexington: Lexington Books, 1987.
Miller, Alice: *Am Anfang war Erziehung*. Frankfurt a.M.: Suhrkamp, 1980.
Miller, Alice: *Das Drama des begabten Kindes*. Frankfurt a.M.: Suhrkamp, 1980.
Miller, Alice: *Du sollst nicht merken*. Frankfurt a.M.: Suhrkamp, 1981.
Narramore, Kathy / Hill, Alice: *Kindred Spirits*. Grand Rapids: Zondervan Publishing House, 1985.
Norwood, Robin: *Wenn Frauen zu sehr lieben*. Reinbek: Rowohlt, 1986.

Parham, A. Philip: *Letting God*. San Francisco: Harper & Row, 1987.
Peck, M. Scott: *Der wunderbare Weg*. Gütersloh: Bertelsmann, 1986.
Rachel, V.: *Family Secrets*. San Francisco: Harper & Row, 1987.
Rosellini, Gayle / Worden, Mark: *Of Course You're Angry*. San Francisco: Harper / Hazelden, 1987.
Schaef, Anne Wilson: *Co-Abhängigkeit. Nicht erkannt und falsch behandelt*. Wildberg: Boegner-Kaufmann, 1986.
Schaef, Anne Wilson: *Im Zeitalter der Sucht*. Hamburg: Hoffmann und Campe, 1989.
Schaef, Anne Wilson / Fassel, Diane: *The Addictive Organization*. San Francisco: Harper & Row, 1988.
Schaeffer, Brenda: *Wenn Liebe zur Sucht wird*. München: Heyne, 1989.
Siegel, Bernie S.: *Prognose Hoffnung*. Düsseldorf: Econ, 1988.
Zwölf Schritte – zwölf Traditionen. Hrsg.: Anonyme Alkoholiker, Bestellnummer 117. (Dieses Buch kann zum Preis von DM 14,-- bezogen werden über: Anonyme Alkoholiker- Literaturvertrieb, Postfach 46 02 27, 8000 München 46.)